공부해볼 만한 사주명리학

# 공부해볼 만한 사주명리학

지은이 | 정동규
펴낸이 | 一庚 張少任
펴낸곳 | 돌쇠 답게

초판 발행 | 2016년 9월 25일
초판 2쇄 | 2019년 4월 15일

등록 | 1990년 2월 28일, 제21-140호
주소 | 04994 서울시 광진구 면목로 29(2층)
전화 | (편 집)469-0464, 462-0464
　　　 (영 업)463-0464, 498-0464
팩스 | 02)498-0463
홈페이지 | www.dapgae.co.kr
e-mail | dapgae@gmail.com, dapgae@korea.com

ISBN 89-7574-284-2

나답게 · 우리답게 · 책답게

# 공부해 볼 만한
# 사주명리학

정동규 씀

도서출판 답게

독자에게

저는 명리학을 공부하면서 이 학문이 천체 물리학을 활용한 지극히 과학적인 근거를 두고 있음을 깊이 확인하게 되었습니다.

우선 사주 8글자(4기둥)는 "생년 월 일 시"를 표시하는 것으로 365일을 1년으로 하여 산출된 것이며, 지구가 태양을 돌면서 발생하는 4계절과 낮과 밤이라는 지구의 음양(陰陽) 운동의 근거를 파악하게 되었습니다.

현대사회는 의학의 발달로 100세 시대가 왔고, IT를 비롯한 스마트폰과 더불어 4차 산업인 로봇과 지능산업 등 첨단 기술이 하루가 다르게 발달하여 세계적으로 연 100만개의 일자리가 사라진다고 합니다.

이처럼 과학의 눈부신 발달은 장점도 많으나 심리적인 압박을 동반하고 있는 것이 사실입니다.

세계적인 부호 "빌 게이츠"는 "인생이란 원래 공평하지 못하다"고 전제하면서, "그런 현실에 대해 불평만 하지 말고 받아들이라"고 충고하고 있습니다.

이는 인생을 살면서 노력도 하지 않고 불평만 늘어놓는 사람들에게 하는 경고이며, 깊은 경각심을 함께 주고 있습니다.

이 세상은 우리가 어떻게 생각하든 상관하지 않고 흘러가며, 인생은 태어나고, 자라고, 늙어가고 죽는 순환의 굴레를 돌고 있습니다.

이런 삶의 여정에서 사주명리학은 "나의 인생"의 현 위치를 분명히 알게 하고, 내가 갈 길을 미리 보면서 앞으로 100세를 사는 한 인간의 삶의 설계에 큰 도움을 주리라 믿습니다.

이 책자는 명리학에 관심을 갖고 접근해 보고자 하는 분들을 위해 기초에 충실하였습니다.

사주명리학은 "공부를 해볼 만한" 분야임은 이미 검증되었고 기초부터 정확히 배워 사주 통변이 60~70%를 점유하고 있다는 것을 확신하고 접근해야 할 것입니다.

정확한 사주 해석과 통변을 위하여 이 책자는 시대 변천에 따라 직업의 다양화로 발생하는 환경 순환에 맞추었습니다. 특히 이해를 돕기 위해 책 내용에 나오는 각종 용어(用語)를 그때그때 설명을 덧붙여 기초를 심도 있게 습득하도록 준비하였습니다.

　이 책자를 만들기 위해 "참고한 서적"과 "사주용어 해설"은 별첨하였으니 참고바랍니다. 끝으로 지도하여주신 양원석(梁元碩) 교수께 감사드리며, 어려운 교정을 끝까지 살펴준 아내에게 고마운 마음을 전합니다.

서울 二村동에서 저자 씀

정동추

**목 차**

**5장**

# 천간(天干)과 지지(地支)의 의의

**6장**

# 천간 각 기호(記號)의 기운(氣運)과 능력

**7장**

# 지지 각 기호(記號)의 기운(氣運)과 능력

카. 子水

타. 丑土


## 8장
# 지장간(支藏干)의 의의

## 9장
# 사주 구성과 의의

## 10장

# 대운(大運) 작성방법과 대운이 사주에 미치는 영향

## 11장

# 사주 8글자 구성의 위치명(位置名)과 특징

## 12장

# 천간·지지의 합(合)과 충(沖)

**13장**

# 육신(六神)

**14장**

# 공망(空亡)과 삼재(三災)의 의미

**15장**

# 신살(神殺)이란

# 1장

# 사주명리학은 어디에 근거(根據)를 두고 있나

## 1. 근거 내용

첫째, 사철기후(四季氣候)에 근거를 두고 있다.

둘째, 땅, 물, 불, 나무, 철에 근거를 두고 있다.

셋째, 시간에 근거를 두고 있다.

넷째, 음양관계에 근거를 두고 있다.

# 1장. 사주명리학은 어디에 근거(根據)를 두고 있나

## 1. 근거 내용

첫째, 사철기후(四季氣候)에 근거를 두고 있다. 사철기후는 우리가 살고 있는 지구가 태양을 365일 돌면서 발생하는 것이다. 사철에 따른 기후는 사람 인체에 막대한 영향을 주고 있다. 인체에 알맞은 기후는 생존에도 좋겠으나, 나쁜 기후는 인간의 고통과 질병, 더 나아가서는 생명에까지 위협을 주고 있는 것이다.

둘째, 다음은 우리 주변에서 흔히 볼 수 있는 땅(土), 물(水), 불(火), 나무(木), 철(金) 등 자연 물체(=물상(物象))에 근거를 두고 있다.

인간은 이 5가지 자연 물체와 함께 더불어 살고 있고, 이 5가지 자연 물체가 골고루 내 주변에 다 있어야 불편 없이 살아 갈수가 있는데 이 5가지 자연 물체를 명리학에서는 오행(五行)이라고 한다. (五行의 "行"은 계속 움직인다는 뜻이다)

이 5가지 자연 물체는 인간이 살아가는데 필수 불가결한 것

이라 할 수 있겠는데, 우리 주변에서 일어나는 이 5가지 자연 물체의 현상을 정리해보자

사람이 아침에 일어나면 아침 햇살에 의해 하루가 시작되며, 태양에 의해 모든 사물을 고루 볼 수 있다. 아침 식사 준비과정에서 물과 불(火)을 사용하게 된다. 또한 해가 지고 밤에는 전등불에 의해 책, 신문 등을 읽을 수가 있고 주위를 밝혀 준다.

물(水)은 사람이 먹기도 하지만 몸을 씻는 등 사람이 생존하는데 절대적으로 필요한 물체이다.

이어 직장이나 학교 등 하루 일과를 위해 집 밖으로 나오면 땅(土)을 밟게 되어있고, 땅 위에서 우리는 살고 있다. 휴일에 산을 좋아하는 사람들은 등산을 하기도 한다.

철(金)은 요리에 쓰는 칼과 집기 등 여러 가지 금속제품을 만들어 내고, 인간의 편의를 위해 자동차, 기차, 비행기, 선박 등 각종 기구를 만들어 내고 있다.

나무(木)는 집이나 직장에서 책상이나 가구 등 사람이 필요로 하는 필수품에 쓰이고 있고, 나무가 주는 피톤치드는 사람 건강에 도움을 주고 있다.

이와 같이 인간은 목(木) 화(火) 토(土) 금(金) 수(水)의 자연과 함께 살고 있으며 이중 하나의 오행이 빠져 있어도 그만큼 불편함을 갖게 되는 것이다.

셋째, 시간에 근거를 두고 있다.

1일은 24시간, 1년은 365일과 12개월이 있고, 이에 따라 봄, 여름, 가을, 겨울이라는 4계절 시제(時制)에 근거를 두고 있고 사주를 시간학(時間學)이라고도 하는데 사주팔자가 전부 시간을 기록한 것이다 (별도 항목에서 설명)

넷째, 음양(陰陽)관계에 근거를 두고 있다

사주는 음양관계에 비중을 크게 두고 있는데, 이 음양관계는 상호 성격에 큰 차이(差異)가 있으면서도 서로를 필요로 하고 또한 상호 보완적(補完的) 역할을 하기 때문이다.

상기와 같이 4개의 내용은 명리학의 가장 기본적인 핵심을 이루고 있으므로 상세하게 공부해 본다.

# 2장

# 음양(陰陽)관계란

# 2장. 음양(陰陽) 관계란

음양관계를 일반 사람들에게 묻거나 설명하면 크게 관심을 갖는 사람이 한정되어 있음을 알 수 있다. 그런데 프랑스 언어는 명사 단어에 음양관계를 관사로 구별하여 남성과 여성명사를 사용하고 있다. 몇몇 선진국에서도 남성과 여성명사를 구별하여 사용하고 있다.

명리학에서 음양관계는 사주를 해석할 때 큰 비중을 차지하므로 첫 번째로 소개한다.

## 1. 음양관계의 의미(意味)

지구는 태양을 돌면서 자전(自轉)과 공전(公轉)을 함으로써 낮과 밤이 발생하고 있는데, 우주(宇宙) 대자연(大自然)의 운동을 두 단계로 나누어 놓은 것이 음양관계이다.

사람은 낮(陽)에 활동하는데 이는 몸속에 있는 여러 가지 장기(臟器)와 건강한 오장육부(五臟六腑)의 지원을 받아서 원활하게 하루를 지탱할 수 있도록 해주고 있기 때문이다. 그러나 밤(陰)에는 잠을 자면서 낮에 사용하였던 장기와 오장육부를 쉬게 하고 정비(整備)하여 다음날 또 활동할 수 있도록 만들어주고 있다.

또한 지구의 음양운동과 그 운동의 조화(造化)로 동물이 성장하고, 식물이 번성하는 것이며 이것은 대자연의 질서(秩序)이기도 하다.

남·여(동물의 수컷과 암컷을 포함)관계에 있어서 남자는 양의 성질과 기운을 받아 태어나고, 여자는 음의 성질과 기운을 받아 태어나서 몸의 구조가 서로 다른 것이다.

이와 같이 음양의 운동은 사람을 비롯한 우주 대자연의 질서와 조화를 이루게 해주고 있다.


## 2. 음양관계의 원리(原理)

음양관계를 좀 더 공부하면 음양에는 3가지의 원리를 가지고 있는데

1) 공존성(共存性 Coexist)이다.

앞에서 언급하였듯이 낮(양)과 밤(음)으로 항상 공존하고 있다. 즉 음과 양은 함께 존재(存在)한다고 볼 수 있다.

남자가 있으면 여자가 있듯이 음과 양은 항상 함께 있다.

2) 상대성(相對性 Relativity)이다.

서로가 필요한 관계로서 반드시 상대가 있다. 남편이라는 것은 부인이 있어서 존재 가치(價値)가 있는 것이며 반대로 부인도 마찬가지다.

즉 음이면 음, 양이면 양 스스로 혼자만 존재할 수가 없다.

3) 가변성(可變性 Changeability)이 있다.

양지(陽地)가 음지(陰地)가 되고, 음지가 양지로 변하기도 한다. 낮인데도 그늘이 있는 곳은 음지이고, 이 음지가 양지로 변하기도 한다.

남자와 여자의 성격인 음양이 뒤바뀌는 시기가 있는데 그것은 갱년기로서, 남자는 은퇴하여 주로 집에 있고, 여자는 밖으로 돌아다니는 등 변화가 오는 것이다.

또한 음양관계는 시간성(時間性), 운동성(運動性), 방향성(方向性), 공간성(空間性), 정신성(精神性) 등으로 분류하여 사주를 관찰하여 통변(通辯)하고 있다.

* 통변이란 사주를 분석하여 설명하는 것을 말한다.

● 시간성

낮이라는 시간성은 양이고 밤이라는 시간성은 음이다. 하루를 나누어 보면 아침은 양이고, 저녁은 음이다. 1년의 시간성을 춘하추동(春夏秋冬)으로 나누고 여기서 춘하는 양의 계절(季節)이고, 추동은 음의 계절이다. (옛 어른들은 나이를 문의할 때 춘추가 어떻게 되시냐고 하였다)

일생을 두고 볼 때 소년(少年)과 청년시절(靑年時節)은 양이 되겠고, 장년(壯年)과 노년(老年)시절은 음의 시간성으로 분류한다.

● 운동성

올라가는 운동은 양이고, 내려가는 운동은 음이다.(예:승강기 昇은 양이고 降은 음이다) 팽창하고 확산하고 또 퍼지는 것은 양이며, 수축하고 응집하는 것은 음이다.

● 방향성

우리가 이사를 가거나 중요한 일로 멀리 떠날 때 방향성은 아주 중요한 역할을 하고 있다. 위(上)방향은 양이고, 아래(下)는 음이다.(때에 따라서는 운동성과 방향성이 같을 수도 있다). 좌측은 양이고, 우측은 음이다. 전은 양이고, 후는 음이다.

● 공간성

밝은 곳은 양이고, 어두운 곳은 음이다. 예로서 사주에 양이 많은 사주는 거주하는 곳을 낮은 곳에서 살아야 하며, 반대로 음이 많은 사주는 높은 지역을 선택해야한다.(아파트 선택도 마찬 가

지다)

동서남북의 음양관계는 동쪽은 양중에 음이며 남쪽은 양, 서쪽은 음중에 양이고 북쪽은 음으로 구분한다.


● 정신성

정신과 육체(물질)로 나누어지는데, 정신은 양이고 육체(물질)은 음이다. 명예(名譽)와 실리(實利)를 따질 때 명예는 양이고 실리는 음이다. 실리를 추구(追求)한다는 말은 음이다. 청탁(淸濁)할 때에 청은 양이고 탁은 음이다. 공사(公私)를 따질 때 공은 양이고 사는 음이다. 문무(文武)도 문이 양이고 무는 음이다. 귀천(貴賤)은 귀가 양이고 천은 음이다.


이와 같이 음양을 따질 때는 시간성, 운동성, 방향성, 공간성, 정신성 등을 따져서 관찰해야 하며 또한 음양은 공존하며 뗄 수 없는 짝이다. 짝이 있어서 대립하며 또 화해하고(상대성) 융화도 하는데, 고정적(固定的)이 아니고 끊임없이 변화(變化)한다.


사람들 대부분의 사주팔자 구성을 보면 음양관계가 50:50으로 균형을 이루기보다는 음과 양 어느 한쪽으로 치우친 경우가 많다. 그러나 음양의 균형을 이루고 있는 사람이 있는데 이러한 사람을 "음양화평지인(陰陽和平之人)이라고 하여 모든 면에서 감정과 이성의 지배에서 벗어나 자유로운 사람으로서 도인(道人)으로 칭

(稱)할 정도로 한세상을 살아가고 지도자로 부각(浮刻)될 수가 있다”고 하였다.(주: 박주현 저 子平命理學 p.50)

사주 8글자의 구성과 배열을 작성하여 음양관계를 살펴보면

| 음 양 | 내(內),음 | | 외(外), 양 | |
|---|---|---|---|---|
| 천간(하늘) | 0    0 | 0    0 | 양, 정신적, 공적인 일 | |
| 지지(땅) | 0    0 | 0    0 | 음, 육체,  사적인 일, 물질, 건강 | |

시  일  월  년

주  주  주  주

위 배열 4자는 천간으로서 양에 해당되고 정신과 명예, 공적인 동향을 관찰하게 되며, 아래 배열 4자는 지지로서 음에 해당되어 육체적인 면과 사적인 동향을 그리고 물질과 건강 등을 살피는 곳이다. 그리고 우측에서 2개의 천간과 지지 4자는 그 사람의 대외적인 활동을 관찰하며, 좌측의 2개의 천간과 지지 4자는 그 사람의 가정과 내적인 활동 그리고 미래를 관찰하는 곳이다.

이상 음양관계 설명을 하였으며, 다음장은 명리학에서 핵심적 역할을 하는 오행을 설명한다.

# 3장

# 오행(五行)이란

# 3장. 오행(五行)이란

## 1. 의의(意義)

앞에서도 언급했듯이 오행이란 木 火 土 金 水를 지칭하는 것으로써 인간이 한 세상을 살아가는데 절대적으로 필요한 필수 자연 물질(또는 물상)인 것이다.

더 나아가 이 오행은 지구가 태양을 365일 자전과 공전을 통하여 음양의 운동이 끝없이 진행 되면서 봄, 여름, 가을, 겨울의 사계절이 발생하고 이 순환 과정에서 오행이 성장하고 변화하며 형상(形象)을 갖추어서 인간에게 정기(精氣)를 주고 물질적 혜택을 주고 있는 것이다.

이 오행은 서로 도와주고(相生) 서로 극(剋)하면서 지구를 존재케 하고 자연의 질서를 유지하고 있으며 인간도 이러한 상황 하에서 생존하며 절대적 영향을 받고 있는 것이다. 이 오행에서 5가지 기운(氣運)이 돌아다녀 우주의 질서를 유지하고 또 하나의 법칙으로 보고 있는 것이다.

이 5가지를 음양으로 분류한다면 木火가 양에 해당되고 金水가 음에 해당된다. 土는 음양의 특성을 다 가지고 있다, 중간적 입장에서 조정하고 지휘도 하고 연결고리 역할도 하면서 마무리도 한다. 음 또는 양 어느 것에도 치우치지 않는 것이다.

아래표 참조

| 음양구분 | 양(陽) | | | 음(陰) | |
|---|---|---|---|---|---|
| | 양 중 음 | 양 중 양 | 음 양 합 | 음 중 양 | 음 중 음 |
| 오행 | 木 | 火 | 土 | 金 | 水 |

여기서 양을 대표하는 것은 火인데 태양(太陽)이라 하고, 음을 대표하는 것은 水로서 태음(太陰)이라 하며, 木은 양중에 음으로 소양(小陽), 金은 음중에 양으로 소음(小陰)이라고 표현하고 있다.

사주를 관찰하고 분석할 때 중요한 것은 木, 火, 土, 金, 水 오행이 가지고 있는 물상(物象)적인 행태(行態)와 그 특징뿐만이 아니라 정신적 상황과 운동성, 시간성, 방향성, 공간성 등을 파악 분석해야 하며 이것은 우리가 늘 이 오행 주변(周邊)에 살고있어 이해를 집중(集中)시키면 그렇게 어려운 학문이 아님을 알 수 있게 되어있다.

중요한 것은 이 오행이 사람 몸에도 내재(內在)되어 있고, 그 몸에 있는 오행을 기준하여 앞에 설명한 4개의 근거내용에 대입,

사주를 통변(분석)하는 것이다. 그러면 오행의 성격과 특징을 공부
해보자.


## 2. 각 오행의 성격과 특징


### 가. 木

木은 물상적(物象的)으로는 나무다. 사철나무, 소나무, 잣나
무, 편백나무 등 큰 나무(이상 양)와 화초, 꽃나무, 과일나무 등
작은 나무(이상 음)로 나누어진다.


1) 시간성

봄이며 그 해의 시작이다. 양력 2, 3, 4월을 말한다. 하루를
말하면 "아침"이다. 인생에서는 아동기로 장래를 위해 꿈을 갖는
시기, 1년 계획을 세우거나 목표를 세우는 시기이다.


2) 운동성

생(生)의 의미를 가지고 있다.

탄생한다(아기가 어머니로 부터 태어난다와 비유), 생산, 시
작, 출발한다는 의미가 있다. 초목의 싹이 땅을 뚫고 솟아오르고,
나무는 하늘로 향해 뻗어 올라가는 기운을 말한다.

3) 정신성

인자(仁慈) 하다는 덕목을 가지고 있다.

행동이나 말이 어린애 같은 생각을 한다. 아이들과 같이 순수하고 솔직하다. 다정하고 진취적이며 직선적이다. 긍정적이고 미래지향적이다.

계획을 잘 세우고 생각한 것을 행동으로 옮긴다. 그러나 결과가 없을 수 있다. 이때 金이 있어야 결과를 얻을 수 있겠다.(金은 계절로 수확기 이므로) 봄의 꽃은 빨리 지기 때문에 끈질기지 못하거나. 인내력이 부족하다.

木은 바람이 불면 잘 흔들려 산만하고 변덕스러워 어떻게 자라고 어떻게 뻗어나갈지를 모르기 때문이다.

하극상 기질이 있다. 치솟고 쑥쑥 자라기 때문에 어린아이처럼 대들기도 한다.(속칭 철이 없다)

4) 木이 없다면

온순 감이 떨어지고 미래적이지 못할 수도 있다. 계획을 할 줄 몰라 행동으로 옮기기 어렵고, 솟구치고 뻗어나가는 힘이 부족하여 일을 망설인다.

5) 방향성

동(東)쪽이다.(왜 동이 되는지는 차후 설명)

6) 공간성

교외나 조용한 곳 또는 곧은 자리를 말한다.


7) 인체 내 장기(人體 內 臟器)

木의 습성을 닮은 장기는 간(肝)과 담(膽)=쓸개이다. 나무를 옮겨 심으면 자라듯이 간도 옮겨 수술하면 자란다. 눈, 목, 근육, 고관절, 발, 발톱, 손톱 등에 해당된다.


8) 색(色)

청록색이다 간도 청록색으로 청록색 음식은 간에 좋다.


9) 木의 성격과 특징

木은 인생의 어린 시절이라 두려움과 근심이 없는 천진난만한 행동을 하기 때문에 반드시 金이 있어야 다듬어지고 결과를 얻는다. 앞장서고 나서기를 좋아 하는데, 앞장서지를 못하면 그 단체에서 빠져 나오기도 한다. 木은 물(水)을 정화시키고 흘러가게 한다. 또한 얼굴에 생기가 돌게 한다.


## 나. 火

火는 물상적(物象的)으로 "불" 이다. 태양은 빛을 주고 열(熱)도 준다(이상 양). 인위적(人爲的)으로 빛과 열을 만들어 쓰기도 한다. 전등불, 전기난로, 가스 불(이상 음) 등이다.


### 1) 시간성

5, 6, 7월의 여름의 계절이다. 5월에 입하(立夏)가 있다. 하루를 보면 09:30~15:30 시간대(時間帶)이고, 인생에서는 청년기(靑年期)에 해당한다.


### 2) 운동성

성장(成長)시키는 장(長)이라는 덕목을 가지고 있다.

봄에 땅에서 솟아 오른 화초나 나무를 자라게 하며 성숙하게 만들어 변화를 준다. 木이 계획을 세우는 것이라고 하면 火는 실행 또는 실천하는 시기라고 하겠다. 火는 분산(分散)되는 성격이 있어 확장하고 퍼지고, 또 팽창하며 나아가서는 폭발도 할 수 있다. 그래서 사주에 火가 많은 사람은 화를 잘 내거나 성격이 급하다.

여기서 태양과 불(熱 )그리고 빛의 운동성은 각기 다르다.

* 태양은 동물과 식물을 성장시키는 역할뿐만 아니라 태양광(光)을 활용하여 히팅 시스템으로 열을 공급한다.

* 불은 도구를 만든다. 용광로(鎔鑛爐)는 철광석을 녹여 건축 등 산업자재로 활용하며 또 불은 여러 생활 용도에 쓰인다.

* 빛은 사물을 알아보게 하며 밤에는 전등(電燈)이 그 역할을 한다.

이와 같이 火가 사주에 있으면 태양인지, 불인지 빛인지를 구별하여 관찰해야 한다.

## 3) 정신성

예의(禮儀)를 지키는 덕목을 가지고 있다.

火의 모체(母體)는 하늘의 태양(太陽)이다. 태양은 빛과 열을 가지고 있어 동(動)식물(植物)을 성장시키고 또 변화시키며 만물(萬物)을 창조하는 원동력(原動力)이다.

태양의 빛은 어디나 골고루 비추기 때문에 火를 가지고 있는 사람은 공명정대(公明正大)하고 합리적이다. 모호한 것을 싫어하고 명확해야 좋아한다.

합리적인 성격을 가지고 있어 밝게 하려는 의욕이 강하고, 주변에 대해 간섭하기를 좋아한다. 에너지가 강해 위세를 떨치다가 자신을 파괴 할 수도 있다. 불은 쉽게 뜨거워지다가 쉽게 식어버리는 기질이 있다.(인내심이 약하다)

사회적인 문제에 과감하게 들고 일어나다 의거(義擧)나 폭동(暴動)에 휩싸이기도 한다.

## 4) 火가 없다면

사주에 火가 없으면 낮이 없는 것과 같고, 여름이 없고, 성장도 어렵다. 즉 동식물이 자라지 못하듯이 비타민 D가 늘 부족할 수가 있다. 솔직하지 못하여 공평하지 못할 수가 있다. 명랑하지 못하고 활발성이 떨어진다.


5) 방향성

남(南)쪽이다.


6) 공간성

밝은 장소. 밤에는 번화가와 훤한 곳. 열기는 위로 올라가고, 옆으로 퍼지므로 높은 곳이 火의 공간이다.


7) 인체 내 장기(人體 內 臟器)

심장(心臟), 소장(小腸)과 눈, 혀, 귀, 어깨에 해당한다.


8) 색

붉은색, 火의 일간(日干)사주는 대부분 얼굴이 시원스럽고 눈빛이 빛나며 멋을 잘 낸다. 깔끔하다. 추운 곳에 사는 사람일수록 붉은색을 좋아 한다. 火가 없는 사람은 붉은색을 자주 애용하면 좋다.


9) 火의 성격과 특징

火는 20대의 청년시절로 의욕이 넘쳐 무엇이든 성취할 수 있다는 열기를 가지고 있다. 火는 뜨겁고 밝으며 강렬하지만 잡을 수가 없는 허상으로서 실속이 없는 것이 특징이다. 그런데 火가 있는 사람은 반드시 水가 있어야 균형을 이룬다.(대체적으로 火가 있는 사람은 단체나 부서의 책임자 자리에 앉는다)

火가 많은 사주는 土뿐만 아니라 金도 못 쓰게 만든다. 따라서 자기 사주의 火가 태양의 열(熱)인지 그냥 열만 가지고 있는지 "빛"만 가지고 있는지를 잘 관찰해야 한다.


## 다. 土

土는 앞에서도 언급하였듯이 음과 양을 다 품고 있어 양도되고 음도 된다. 따라서 土는 다른 오행보다 가지고 있는 성격과 특징이 다양하다.

土는 물상적으로 흙이다. 산, 물을 막는 큰 제방, 큰 둑이고 양이다. 전, 답, 대지 등은 음이다.


### 1) 시간성

늦여름과 가을로 넘어가는 시기이다. 하루를 보면 오전 10시 전에서 후까지 또는 오후 3~4시로 보고 있다. 인생에서는 청년기가 지나고 결혼전후가 되겠고, 결혼하여 아이를 낳는 시기로 보는 경우도 있다.(土에 계절성 설명은 별도 항목 참조)


### 2) 운동성

변화하는 화(化)의 의미를 가지고 있다.

변한다, 변질된다. 음에서 양으로 또 양에서 음으로 변화 시켜주는 운동을 한다. 음양을 다 품고 있기 때문에 조화(調和)를 이루게 해준다, 중개(仲介)와 중간역할 등을 한다.

정지(停止)되어 있지마는 내면에서는 운동을 하고 있다.(과일이 어느 정도 크면 크기를 멈추고 익어 가는 상태) 단단히 굳어지는 운동이다.

불(熱)을 다른 데로 퍼지지 않도록 보관하고 물(水)을 흘러가지 않도록 호수나 댐에 담아둔다, 金도 땅속에 보관할 뿐만 아니라 나무(木) 뿌리도 잘 내리도록 받침 역할을 해 준다. 그래서 土보고 木이냐 하면 木이다 하고, 火이냐 하면 火라고 한다. 金과 水도 마찬가지다.


3) 정신성

신용(信用)의 덕목을 가지고 있고, 믿음을 준다. 어느 한쪽에 치우침이 없이 중화(中和)를 이루거나 또는 중심(中心)을 가지려 한다. 친화력과 조직력이 있고 사교적이다.

다른 오행이 극단적으로 가는 것을 차단한다. 土는 편파적(偏頗的)이 아니고 만물을 다 감싸 않는 포용성을 가지고 있으며 음과 양을 다 수용하는 정신을 갖고 있다.

자기를 들어내지 않거나 함부로 나서지 않는다. 그래서 土는 겉보고는 알 수가 없으며 속을 알려면 파 보아야 알 수가 있다.(파보면 금광을 발견 할 수도 있겠고 석유나 가스가 나올 수 있거나

나무뿌리만 나올 수도 있다)

土가 많은 사람은 모든 것을 좋아하여 쌓놓기를 좋아한다.(물류창고업 및 슈퍼마켓(Supermarket)업 등)

자기 스스로 움직이지 않는다. 색깔을 드러내지 않는다.  즉 산이나 평지 또는 농촌의 전답 등은 천지지변이 일어나지 않는 한 그 자리에 있다.  믿음직스럽고 안전감이 있다.  신중하고 중후(重厚)함을 가지고 있다.

부정적인 면은 고지식하고 피동적이며 답답할 때가 있다.  즉 오행을 다 받아 주어 개성이 없는 것으로 보일 때가 있다.


4) 土가 없다면

중심감이 없고 무게감이 부족하다.  길이 없는 것과 같고 안정감이 부족하다.  더 나아가 교통사고를 조심해야 한다.

물을 막는 댐이나 원자력 발전소 폭발을 예방하는 방화벽 역할을 못한다.  부도가 나면 부도를 막지 못한다.  부동산업이나 중매업을 못한다.  기침이나 웃음이 나올 때 참지 못하는데 이는 조절이 안 되기 때문이다.


* 중요한 것은 土가 있어도 木으로부터 극을 받으면 土의 역할을 제대로 하지 못한다 (이 사항은 별도 장에서 설명).


5) 방향성

중앙(中央)이다.

6) 공간성

중심가, 넓은 곳, 트인 곳 등이다.


7) 인체 내 장기(人體 內 臟器)

비장(脾臟)과 위장(胃腸)이며 입, 입술, 대퇴부, 배, 무릎 등
이 해당된다.


8) 색

노란색(黃), 땅 색, 또는 베이지색 등인데 안정감을 주는 색
으로 장판에 많이 사용한다. 책상은 거의 노란색이 많이 쓰인다.
이유는 질리지 않기 때문이다.


9) 土의 계절성 성격과 특징

땅과 산은 계절에 따라 그 모습과 성격이 달라진다.

봄에는 곡식, 채소, 모, 나무 등을 심을 수 있도록 땅에 기운
이 열려 있고, 땅이 바쁜 계절이다. 여름에는 심어진 곡식이나 채
소, 나무 등이 자라고 확산하는 계절이며(봄철과 여름철 土의 사주
는 일에 바쁘다), 가을에는 심어 놓은 곡식과 나무 등에서 열매를
수확하여 먹을 것이 풍성한 계절이다. 이 계절에 태어난 사람은
식복(食福)이 있다. 겨울에는 땅이 얼어있어 비닐하우스를 사용하
여 특용작물을 생산할 수도 있겠다. 이 계절에 태어난 사람은 특
이한 직업을 가진 사람이 많다.

산(山)도 사주 구성에 따라 나무가 풍성한 산인지, 물이 많아 댐 역할을 하고 있는지, 아니면 火가 너무 많아 사막 같은 땅인지를 관찰하여 생명체가 살 수 있는지를 파악하는 것도 중요하다. 또한 굳어 있는 땅도 마찬가지로 생명체가 살 수 없다는 것을 파악하는 등 물상적으로 관찰하여 사주를 해석하고, 통변할 수 있다.

예로서 여자가 사막이나 굳은 땅(土)을 가지고 있는 사주이고 남편이 木이라면 그 남편은 뿌리를 내리지 못하여 큰 병을 얻을 수 있다. 반대로 남자가 그렇다면 본인이나 배우자가 병을 갖게 되거나 이혼하게 된다.

산이나 땅은 온도와 습도가 잘 맞으면 산은 나무와 숲이 풍성하고 개울물이 흘러 운치(韻致)가 있고, 밭에서는 곡식이나 농사가 잘 되는 것과 같이 사주도 오행이 잘 구성되어 있다면 그 인생은 어려운 난관 없이 일생을 지낸다. 그러나 온도 습도가 맞지 않으면 산에 나무는 고사(枯死)하고 풀 한 포기 나지 않는 산이 많은데 에집트의 시나이산(돌만 있는 악산) 등을 예로 들 수 있겠고, 평지와 밭도 마찬가지이다. 모든 생명체는 생명을 유지하기 위해 본능적(本能的)인 운동을 하게 되는데 겨울에 눈이 많은 지역은 사철나무들의 가지나 잎이 밑을 향해 뻗어있다.(북유럽의 사철나무) 이것은 눈이 빨리 밑으로 떨어지도록 하는 것이다. 반대로 사막의 나무뿌리는 물이 있는 쪽으로 뻗어있다. 이때 조열한 여성의 남편이 木이라면 남편이 바람을 필 수도 있다.

중요한 것은 土가 상극(相剋)을 받는지 또는 상생(相生)하는

지 등 다른 오행과의 연관성을 꼭 관찰해야 한다.

\* 상생 상극에 관한 내용은 별도 장에서 설명


### 라. 金

금은 물상적으로 무쇠, 쇠, 무기와 큰 기계류(이상 양), 보석 (금, 은, 다이몬드 등), 못, 볼트, 핀, 침 종류 등(이상 음)이다.


#### 1) 시간성

가을이다. 8, 9, 10월이고, 8월 초에 입추가 시작된다. 가을 은 수확(收穫)의 계절이다. 하루를 보면 오후 5시~9시30분 사이 저녁 퇴근시간, 체감온도는 쌀쌀하다. 인생에서는 장년기(壯年期) 로서 현대는 40대 중반에서 60대 중반까지 이다.


#### 2) 운동성

수확하는 수(收)의 의미를 가지고 있다.

木, 火는 태어나 성장하고 펼치며 土는 열매 맺어 익는 과정을 거치고, 金은 완전히 익게 하고, 떨어트려 수확을 하는 운동이다. 떨 어지고, 하강(下降)하는 운동이며 거두어들이고 정리하는 운동성이 있다.

3) 정신성

의리(義理)를 지킨다는 덕목을 가지고 있다. 강직하고 예리하나 희생정신을 가지고 있다. 생각을 정리하거나 결단을 내리며 마무리하여 결실(結實)을 맺게 하는 정신을 갖고 있다. 리더십과 지배력, 의협심을 가지고 있다.

예리한 관찰력으로 사물을 정리, 정돈하는 자세와 분리(分離)시키는 정신이 있다. 또는 편을 가른다. 겉이 금속적 이어서 단단하나 속은 항상 부드럽다.(거북이, 게 등) 남녀 모두가 세련미가 있고, 깔끔하다.(지나쳐 결벽증이 있다).

날카롭기 때문에 살기(殺氣)가 돌아 있다. 사주에 金을 많이 가지고 있는 사람은 냉정하고 냉혹하다. 유연하지가 못하다.

희생적인 정신이 강하므로 가족을 챙기지 못한다. 또한 독선적이고 지배적이므로 파괴적인 정신도 가지고 있다.

4) 金이 없다면

정리나 마무리를 하지 못한다. 실속이 없고 챙길 줄을 모르며 펼치기만 하고 끝을 맺지 못한다. 결론을 내리지 못하거나 결실이 없다. 깔끔하지 못하고 세련미가 떨어진다.

5) 방향성

서(西)쪽이다.

6) 공간성

돌출되어 있는 곳, 모난 곳, 쇠 소리가 나는 곳, 시끄러운 곳. 뾰족한 곳 등이다.


7) 인체 내 장기(人體 內 臟器)

폐(肺), 대장(大腸), 코, 피부, 체모, 하완, 가슴, 항문, 손목에 해당한다.

폐와 대장에 좋은 것은 흰색인 무, 무즙(기침이나 천식에 좋음)이고, 또한 도라지, 백도라지, 양파, 마늘 등이 좋다.


8) 색

흰색(白)이다.


9) 금의 성격과 특징

오행 중 木, 火, 土, 水는 계절에 영향을 받지만 金은 받지 않는다.

인생에서 50대를 전후한 세대이므로 매사를 숙고하고 신중하게 처리하여 마무리 짓는 시기로서 현실적이며 실리적이다.

金(철광석등)을 제련(製鍊)하려면 용광로(火)에 집어넣고 이어서 물(水)에 담금질로 열을 식혀 철판을 생산한다. 철판을 각종 기계류에 활용하는 것과 같이 사주에도 철광석이 있는 사람은 火와 水가 있어야 쓸모 있는 사람이 될 수가 있겠다.(박정희 대통령과

정주영 현대그룹 창설자를 예로 들 수 있겠다)

보석류도 火, 水가 필요한데 물로 세공 등 세팅을 하고 백화점 등에서 조명(火)을 받아야 빛이 나서 상품가치가 있는 것이다. 보석류는 어두운 곳이나 장롱 속에 넣어두면 가치가 없다.

의리(義理)를 지키고 희생정신이 강한 사람을 의사(義士)라고 하는데 안중근 의사, 윤봉길 의사를 예로 들 수 있겠고, 이 역시 사주에 金이 다른 오행과 조화롭게 이루어져야 한다.

## 마. 水

물상적으로 바다, 강, 호수(이상 양), 샘물, 비구름(이상 음)등을 말한다.

### 1) 시간성

겨울이다. 11, 12, 1월이며 11월 초에 입동이다.

하루를 보면 밤 9:30분~새벽 3:30분을 말한다.

인생에서는 노년기(老年期)이다.

### 2) 운동성

저장하는 장(藏)의 의미를 가지고, 보관(保管)의 뜻을 가지고 있다. 속에다 감추거나 숨어있다. 뭉치는 운동이며 쪼그라들거나 수축(收縮)또는 응집(凝集) 하는 운동성을 가지고 있다.

火가 분산(分散)되는 운동이라면 水는 반대로 응집하는 운동을 하여 水火는 서로 상대적 관계를 가지고 있는 것이다.

안쪽으로 스며들며 채워지는 운동이다. 물은 높은데서 낮은 곳으로 흐르며 고여 있으면 썩기 때문에 항상 흐르며 움직이기를 원한다. 얼음은 물이 뭉친 것이며 이어 팽창되어 부피가 커진다. (물병에 있는 물이 얼면 부피가 커져서 터진다) 여기서 음이 뭉치고 또 뭉치면 양의 운동이 시작된다(陰極卽陽生).

물은 밤중에 조용하게 활동하고, 시끄럽게 하지 않는다.


3) 정신성

지혜(智慧)의 덕목을 가지고 있다.

두뇌가 좋아 총명하며 계획적이고 수완이 좋다. 적응력과 임기응변 능력이 좋아 정보력이 뛰어난다. 겨울이고 밤이므로 조용하고 비밀스러우며 감추려하고 음탐(淫貪)하다.

타인의 눈에 띄지 않는 일들을 한다. 火는 멀리서도 다 보기 때문에 금방 느낌을 가지나 水는 소리 없이 들이 닥친다.

부정적인 면은 자기 속내를 들어 내지 않고 소금을 타면 소금물, 꿀을 타면 꿀물 등으로 바뀌어 이랬다저랬다 하여 변덕스럽다. 잔꾀가 있고 실천력이 부족하다.


4) 水가 없다면

물이 없으면 생물이 살 수가 없고 밤과 겨울이 없는 것과 같다. 사주에서 木이 돈이라면 물이 없으면 재물 얻기가 어렵다. 봄에 씨앗을 뿌린 곡식이 여름에 성장하여 가을에 수확해서 곳간을 다 채워 놓아도 긴 겨울을 보내는 여유로움이 없는 것이다.

사주에 물이 없으면 균형이 맞지 않아 어려움이 있겠으며 건강에도 좋지 않다.(뻣뻣하고 유연치가 못하다)

물은 몸에 수평 감각을 유지 해주는데 물이 없으면 그 감각이 없다. 그래서 물을 많이 마셔야 하고, 물가(호수, 강 등)에 사는 것도 방안이 될 수 있다. 아파트에 산다면 낮은 층을 택하는 것이 좋다. 물은 낮은 곳으로 흐르기 때문이다.

5) 방향성
북쪽이다.

6) 공간성
낮은 곳, 물가, 어두운 곳 등이다.

7) 인체 내 장기(人體 內 臟器)
신장(腎臟), 방광(膀胱)과 귀, 골수, 힘줄, 허리, 치아, 음부, 뼈, 머리카락 등에 해당된다.

8) 색
검은색

水를 보충할 수 있는 곡식과 해산물은 검은 종류의 검은콩, 검은깨, 검은 쌀 등과 미역, 다시마, 김, 해조류와 해산물 등이 좋다.

9) 水의 성격과 특징

계절성으로 보면 봄비는 단비로서 모든 식물이 좋아하고 농사꾼이 꼭 필요로 하기 때문에 인기가 좋다.(인기가 너무 좋으면 피곤할 수도 있다) 여름철에도 비는 필요하다. 그러나 지나친 폭우와 습도는 농사를 망치거나 사람에게도 피해를 준다. 가을은 농사가 끝나는 시기라 비나 물은 생산적이지 못하나 환경은 대체적으로 깨끗하다. 또한 깨끗한 선비로 폼만 재고 생산성이 없는 학자로 비유할 수 있겠다. 겨울철 물은 꽁꽁 얼어있어 매사가 더디고 또 건강도 각별히 신경을 써야한다. 겨울이라도 사주에 火가 있다면 온수(溫水)가 되므로 상황은 바뀌어진다.

水가 있는 사주는 조용하고 밤에 활동하기를 좋아하므로 행동적이기보다 정신적 활동(연구 분야)의 종사자가 많다. 물은 생산운동이고 밤에 활동하므로 생식과 연관되며 그래서 물이 없는 사람은 생식하기가 어렵다.(특히 여자 쪽에서)

사주에 水가 많은 사람은 그 속을 알 수가 없는데 호수, 강, 바다의 속을 알 수 없기 때문이다.

물의 흐르는 과정을 보면 물이 흐르다가 바위 등이 막으면 돌아서 흐르고, 좁은 곳이 있으면 좁은 대로 파인 곳이 있으면 채워 가며 흐르지 건너뛰지를 않는다. 그래서 자기주장과 고집을 드러내지 않는 특징이 있다. 그러나 바다와 같이 큰물은 조용하다가도 바람이 불면 파도가 치고, 쓰나미가 일어난다. 그래서 바다와 같은 큰물이 있는 사주는 풍파에 대비해야 한다.

물은 깨끗한 물이 있는가 하면 탁한 물과 오염된 물이 있으며 이런 물은 총명하지 못하고 두뇌도 좋지가 않다. 따라서 좋은 물과 나쁜 물의 구별은 다른 오행과의 관계를 잘 파악함으로 알게 되는 것이다.

## 오행의 운동성과 정신성

|  | 木 | 火 | 土 | 金 | 水 |
|---|---|---|---|---|---|
| 운동성 | 생(生) | 장(長) | 화(化) | 수(收) | 장(藏) |
| 정신성 | 인(仁) | 예(禮) | 신(信) | 의(義) | 지(智) |

**4장**

# 상생(相生)과 상극(相剋) 이란

# 4장. 상생(相生)과 상극(相剋) 이란

    사주(四柱)내의 오행이 생(生)하여 주느냐, 또는 극(剋)하느냐에 따라 사주가 균형을 갖게 된다. 또한 좋은 사주냐 나쁜 사주냐를 결정하는 것으로 상생 상극은 사주를 해석하는데 큰 비중을 차지하고 있어 공부하여 본다.


## 1. 의의(意義)

    상생, 상극은 자연(自然)계의 현상인 木, 火, 土, 金, 水 오행이 서로 생(相生)하여 기운(氣運)을 얻게 하는 것인데, 생의 기운이 지나치면 질서가 파괴되어 그 기운을 극(相剋)하여 질서를 유지케 하는 것을 자연순환의 법칙(法則)라 한다.

    예로서 여름(태양)은 생물을 번성(繁盛)하게 해 주는데 火로 인한 지나친 열(熱)은 오히려 생물을 말려죽일 수가 있어 이때 비(水)가 와야(剋하여) 생물은 살아날 수 있다. 여기서 水와 火는 상극이 된다.

이와 같이 상생, 상극은 자연의 질서를 유지케 하는 법칙으로써 그 법칙은 인간에게도 적용이 된다.


## 2. 상생(相生)의 의미

서로가 서로를 살려주고, 서로를 보호해주는 것이다. 서로가 본성(本性)을 일으키게 해주는 것이며 어느 일방적인 것이 아니다.

木의 본성은 水로 水生木을 해줌으로써 木의 본성이 드러나는 것이다. 火의 본성은 木으로 木生火가 된다. 이렇게 본성을 일으켜주는 것이 상생이라고 한다.

앞에서도 오행의 운동성과 정신성을 설명하였듯이 水의 운동은 밑으로 내려가 뭉치는 것이며 이 운동이 강해지면 木의 운동으로 연결되어 木이 솟구치는 운동으로 전개되는데 이러한 행태가 자연의 질서인 것이다. 그런데 상생은 순생(順生)과 역생(逆生)으로 나누어진다.


### 가. 순생이란

순리(順理)대로 생하여주는 것으로 낳아주고, 길러주고, 보호해주어 본성을 일으켜 주는 것을 말한다.

木生火, 火生土, 土生金, 金生水, 水生木의 순으로 생하는 것을 말한다.

## 나. 역생이란

역(逆)으로 생하여주는 것으로 역시 보호해주고, 살려주고, 본성을 일으켜 주는 것을 말한다.

木生水, 水生金, 金生土, 土生火, 火生木 으로 역으로 생 하여 주는 것을 말하는데 이해를 돕기 위해 하나씩 예를 들어 설명해 본다.

### 1) 木生水

물은 나무가 없으면 나무로 타고 올라가지 못하고, 흐르지 못하며 계속 움직여야 썩지를 않는다. 흙(土)이 물을 막게 되면 木이 구멍을 내어 물을 흐르게 하여 물의 본성을 일으켜 준다.

따라서 사주에 물만 있으면 탁한 물로서 木이 있어야 맑은 물이 될 수가 있고 나무로 타고 올라가 꽃도 피고 열매도 맺게 되는 것이다.

### 2) 水生金

보석과 金을 세공하고 빛나게 해 주는 것은 물이다. 철광석이 용광로에서 나오면 물이 있어야 식혀진다. 金을 火로부터 보호해 준다.

### 3) 金生土

땅(土)위에 나무가 너무 많이 심어져 있으면 金인 톱이나 곡

괭이로 벌목을 해주어야 땅이 살아날 수 가 있다. 또한 밭이나 논을 갈 때도 쟁기(金)로 파서 흙에 공기를 넣어주어 땅의 본성을 일으켜 준다.

### 4) 土生火

쓰나미 등 물(水)의 공격이 있을 때 흙으로 벽을 쌓아 막아주어 불(火)을 보호한다. 그리고 火는 土가 무서워하는 木을 불살라 버린다.

### 5) 火生木

나무는 물(水)이 없으면 자라지 못하지만 火(태양)가 없으면 성장을 못한다.

이와 같이 역생도 역할이 중요하므로 잘 관찰해야 한다.

## 3. 상극(相剋)의 의미

상극의 극(剋)자는 克자 옆에 刂 칼 도자가 들어있어 칼로 벤다는 뜻으로서 과일나무나 가로수 등을 가지치기하여 제대로 성장케 한다는 의미와 또한 극은 다듬을 극, 조절할 극, 통제할 극의 의미가 있으며, 상생은 오행간의 본성을 일으켜 주나, 상극은 그 본성을 억제하고, 강제로 다스린다는 의미가 있다.

우주(宇宙)의 자연운동(自然運動)이 극단적으로 가는 것을 억제하고 조절해주어 자연의 생명력(生命力)을 유지하고 번성할 수 있게 하는 것이 상극의 의미이다. 그런데 상극도 지나치면 큰 문제가 발생 한다. 즉 과유불급(過猶不及)이 여기에 해당된다. 태과 즉불급(太過卽不及)이라고도 한다.

### 가. 오행과 상극과의 관계

● 목극토(木剋土)

나무는 땅에 뿌리를 내려 영양을 빨아 먹고 자라며 땅을 관리 한다.

● 토극수(土剋水)

흙은 물을 막고 통제하고 조절한다.

● 수극화(水剋火)

물(水)은 타오르는 불을 꺼지게 한다.

● 화극금(火剋金)

불(火)은 금을 녹이고 제품을 만들어 활용한다.

● 금극목(金剋木)

금은 나무를 자르고 또 나무를 쓸모 있게 만들어 사용한다.

상기와 같이 상극은 조절하고 강제성이 있으며 또한 쓸모 있게 활용하여 이롭게 하는 등 좋고, 나쁜 면(面)을 함께 가지고 있으므로 잘 살펴야 한다.

### 나. 상극은 아극(我剋)과 피극(彼剋) 2종류가 있다.

1) 아극은 내가 상대를 극하고 통제하며 다스리는 것으로서 상대를 다스리는 것은 무엇인가 할 일이 있다는 것이며, 할 일이란 일터이고 직장이며 돈(재물)과 연결이 된다. 또한 일을 한다는 것은 자기의 존재(存在)를 나타내는 것이다.

2) 피극은 상대가 나를 극하는 것이다.

내가 극을 받거나 자극을 받아 움직이고 활동하는 것이다. 피극이 없으면 움직이지를 않고 매사가 수동적이며 역동성(逆動性)이 부족하다.

\* 상극도 일방적인 것이 아니며 서로가 서로를 극한다.

상기와 같이 아극과 피극의 활동으로 자연의 질서가 유지 되는 것이며 사람도 아극과 피극이 있어야 삶의 균형(均衡)을 갖게 되는 것이다.

3) 상극과 연관된 용어(用語)

(1) 생화극제(生化剋制) = 생한 것을 변화(變化)시켜서 조절(통제 하거나, 교육시켜)하여 쓸모 있게 만드는 것.

(2) 파극(破剋) = 파괴하여 완전히 못 쓰게 하는 것.

(3) 극상(剋傷) = 부상을 내거나 상처를 입히는 것.


## 4. 상생(相生)에서 태과(太過)가 주는 영향(影響)

태과는 즉 불급(太過卽不及)이라. "무엇이든 지나치게 많으면 오히려 부족한만 못하다"는 용어가 있듯이 상생하는 것이 너무 많으면 오히려 극(剋)을 하여 해를 주기도 하는데, 이런 사례가 사주에 종종 나타나므로 꼭 알아야 하는 항목이다.


● 木生火이나 목다(木多)는 화식(火熄)이다.

木은 火를 生하지만, 나무가 너무 많으면 불은 꺼진다.


● 火生土하나 화다(火多)는 토조(土燥)이요.

火는 土를 生하지만, 火氣가 지나치면 땅은 메마르고 황폐해진다.(사막을 예로 들 수 있다)


● 土生金하나 토다(土多)는 금매(金埋)이다.

土는 金을 生하지만, 흙이 너무 많으면 金인 보석은 빛을 잃고 철은 땅에 파묻혀 버린다.

● 金生水이나  금다(金多)는 수탁(水濁)하다.

金은 水를 生하지만, 철이 너무 많으면 물이 혼탁해진다.


● 水生木하나 수다(水多)는 목부(木浮)또는 목부(木腐)이다.

水는 木을 生하나, 물이 너무 많으면 木은 뿌리를 내리지 못하고 물에 뜨거나 썩는다.


## 5. 상극(相剋)에서 태과가 주는 영향

● 木剋土하나 토다(土多)는 목절(木折)이요.

木이 土를 극하나, 흙이 지나치게 많으면 오히려 나무가 꺾어진다.


● 火剋金이나 금다(金多)는 화식(火熄)이다.

火가 金을 극하나, 金氣가 너무 많으면 불기가 식어버리거나 꺼져버린다.


● 土剋水이나 수다(水多)는 토붕(土崩)이다.

土가 水를 극하나, 물이 너무 많으면 (홍수가 지는 등)흙이나 댐을 붕괴시켜버린다.


● 金剋木하나 목다(木多)는 금결(金缺)이다.

金이 木을 극하나, 나무가 지나치게 크거나 많다면 톱이나 도끼는 망가진다.

● 水剋火하나 화다(火多)는 수증(水蒸)이요.

水가 火를 극하나, 火氣가 지나치면 오히려 물을 증발시켜 버린다.

* 상극에서 같은 양끼리 또는 음끼리는 剋이 심하며 음, 양끼리의 상극은 이성(異性)간 이므로 심하지 않다.

상기와 같이 우주 자연의 질서는 상생, 상극이 반드시 필요한 것이나 "生" 이나 "剋" 이 지나치면 예상치 않은 일이 발생하고, 너무 많아도 또는 적어도 크게 영향을 미친다는 것을 공부하였다.

음양오행에 따른 상생상극

## 5장

# 천간(天干)과 지지(地支)의 의의

# 5장. 천간(天干)과 지지(地支)의 의의(意義)

　　천간과 지지는 오행을 음양으로 나누고, 이어 하늘이 주는 기운과 땅에서 일어나는 사철기후와 시간에서 오는 여러 변화를 알 수 있도록 분류해 놓은 것이다.

　　천간과 지지에 표시되는 글자(甲乙丙丁... 子丑寅卯...)는 자연(自然)의 오행을 좀 더 구체적으로 표현한 물상적인 기호(記號)로써 일반 글자와는 달리 항상 움직이고 행동하는 글자라는 것과 우리가 살고 있는 자연(自然) 오행의 행태(行態)를 함축시켜 놓은 글자로써 평소 자연의 동향을 알고 있으면 명리학을 이해하는데 큰 도움이 될 것이다. 천간과 지지의 의의(意義)를 정리하면 아래와 같다.

## 1. 천간의 의의

　　천간은 한자로 하늘 천(天), 방패 간(干)으로 하늘의 기운(氣運)을 방패삼아 그 사람의 기상(氣象)과 정신적(精神的)인 상황

(狀況) 변화를 보는 것이다.

### 가. 천간의 기호(記號)
木은 甲(양)과 乙(음)이 있고,
火는 丙(양)과 丁(음)이 있다.
土는 戊(양)와 己(음)가 있고,
金은 庚(양)과 辛(음)이 있으며,
水는 壬(양)과 癸(음)가 있다.

상기와 같이 천간은 10개의 기호가 있어 10간(干)이라고 표명을 한다. 이 천간과 지지는 중, 고등 시절을 통하여 일반적 상식으로 알고들 있지만 음양으로 나누어져 있어 그 성격과 특징이 전혀 달라 통변에 늘 조심해야 할 부분이다.

### 나. 천간을 양과 음의 4계절로 구분하면
甲 乙 丙 丁 戊 까지(봄과 여름)는 올라가는 양의 운동성을 가지고 있고, 己 庚 辛 壬 癸(가을과 겨울)는 내려오는 음의 운동성을 가지고 있다.

여기서 중요한 것은 乙과 丁은 음이나 올라가는 양의 운동성을 가지고 있고 庚과 壬은 양이나 내려오는 운동성을 가지고 있다. 그래서 사주에 올라가는 운동성이 많으면 나서기를 좋아한다.

그림 참조

양간(陽干)인 甲 丙 戊 庚 壬은 남성적이고, 개방적이며 화끈한 성격을 가지고 있다. 음간(陰干)인 乙 丁 己 辛 癸 중 乙과 丁은 외향적이며 개방적이고, 나머지 음간(陰干)은 여성적이며 내향적이고, 또한 섬세하며 꼼꼼하고 실용적인 성격을 가지고 있다.

상기와 같이 천간의 음양은 고정되어 있는 것이 아니라 때와 장소에 따라 늘 가변성이 있다는 것을 염두에 두기 바란다. 부부 중 남자는 내성적이고 여자는 외향적인 성격을 갖고 있음을 보게 되는데 이는 음양관계가 바뀌어서 그렇다.

\* 자기를 가리키는 日干이 양이냐 또는 음인가는 만세력(萬歲曆)을 통해서 알 수 있다.

## 2. 지지의 의의

지지는 땅을 지탱(支)하여 표현 되는 형체(形體)(나무, 불, 평야 산, 철강 보석, 강 바다 등)로 그 물체(물상)의 질(質)과 량(量)이 기후와 시간에 의해 변화하는 모습을 관찰하는 것이다.

## 가. 지지의 기호(記號)

지지는 지지의 의의(意義)외에 천간과 짝을 이루는 상대자로 천간의 기운을 간직하고 있으며, 12글자(기호)는 천간 10개의 기운을 나누어 가진 것이며 이는 지지가 가지고 있는 천간의 비율(차후설명)을 보아도 알 수 있다고 하였다.(「자평명리학」 P98, 2011.2 박주현 저)

지지는 12개의 기호로 절기(節氣) 방위(方位) 시간성으로 알 수 있도록 표기하고, 1년을 12개월로 하루를 12시간(지금은 24시간)으로 구분하여 놓았다.

## 나. 지지의 기호와 음양오행, 절기

子 丑 寅 卯 辰 巳 午 未 申 酉 戌 亥  12기호로서 이를 오행별과 음양으로 분류하면

木은 寅(양) 卯(음)

火는 午(양) 巳(음)

土는 辰(양) 戌(양) 丑(음) 未(음)

金은 申(양) 酉(음)

水는 子(양) 亥(음)

지지를 절기에 따라 적어보면

 寅卯辰 = 봄절기 ( 木 )

 巳午未 = 여름절기 ( 火 )

 申酉戌 = 가을절기 ( 金 )

 亥子丑 = 겨울절기 ( 水 )


상기 절기에 따라 월(月)을 양력으로 표시할 때

寅(2월) 卯(3월) 辰(4월) 巳(5월) 午(6월) 未(7월) 申(8월)

酉(9월) 戌(10월) 亥(11월) 子(12월) 丑(1월)로 하고

여기서 명리학은 양력 2월 입춘 날을 기준으로 그해 년도가 시작됨을 명심해주기 바란다.(명리학은 입춘날이 설이다)


지지는 앞에서도 언급한 바와 같이 천간의 기운 2~3개를 내장(內藏) 하고 있다. 예로써 寅木은 천간의 戊인 土와 丙인 火 그리고 甲인 木을 내장하고 있다.

이러한 지지의 내장된 천간이 이웃하고 있는 다른 지지를 생하여주거나 합(合)을 이루거나 또는 충(冲)하여 갈라서는 등 여러 가지 변수가 일어나 아주 흥미진진한 인간 여정을 알도록 한 것이 명리학문이다.

천간과 지지의 기호는 오행에서 분류, 물상적(物象的)상황을 좀 더 자세히 표현하기 위해 발전시킨 것으로 이미 공부한 오행의 기본을 근거로 하고 있다.

그러면 천간과 지지의 기호를 소개하면서 그 성격과 특징을 알아보겠다. 천간과 지지의 기호 설명은 사주통변에 60%이상을 차지하고 있으므로 집중하여 공부해보자.

**6장**

# 천간 각 기호의 기운과 능력

1. 甲(木)

2. 乙(木)

3. 丙(火)

4. 丁(火)

5. 戊(土)

6. 己(土)

7. 庚(金)

8. 辛(金)

9. 壬(水)

10. 癸(水)

# 6장. 천간 각 기호의 기운(氣運)과 능력(能力)

## 1. 甲(木)

### 가. 물상(物象)

甲은 양목(陽木)이며 대림목(大林木)이다. 아름드리나무, 젖나무, 편백나무, 동양 목, 고목, 원목, 기둥, 고층건물, 동상 등이며, 지지에 寅木이 그 성격을 가지고 있다.

### 나. 정신성과 운동성

木은 기본적으로 생(生)으로 표현되며, 생은 생산이며 처음이고 시작이다. 또한 땅에서 나오는 솟구치는 힘이 있어 성격이 올바르고 군자풍이 있고 인자한 면이 있다.

자존심이 강하므로 독자적인 성격이 강하다. 단체활동에서는 늘 첫번째가 되고자 하는 성격을 가지고 있고 문장력과 언변이 좋고 리더쉽이 있어 앞장서 나를 따르라는 성격과 솔선수범하고 밀어붙이는 자질(資質)이 있다.

남. 여 공히 甲木이 있으면 집안에서 가장 역할을 하고 그 책임감을 다한다.

다. 단점

甲木은 솟구치는 힘을 가지고 있어 윗사람과의 관계가 원만하지 않아 하극상(下剋上)이 일어날 수가 있다. 나서기를 좋아해 공격대상이 되고 항상 경쟁자가 생긴다. 거목이므로 풍랑을 만나 혹 뿌리가 뽑힐 경우 다시 옮겨 심어도 회복이 어려운 것처럼 남한테 꺾이기를 싫어하고 구속받기를 싫어한다. 따라서 슬럼프에 빠지면 회복하는 속도가 느리다.

라. 다른 오행과의 관계

나무이므로 水와 火(태양)는 반드시 필요하다. 그러나 水와 火중 어느 한쪽이 너무 지나치면 나무는 물에 뜨거나 겨울철엔 얼어 죽고, 지나친 火는 말라죽게 한다. 이때 水가 왕(旺)할 때는 지지에 寅木이 필요하고, 火가 왕하면 辰土가 필요하다. 또한 土가 있는지 보아야 한다. 土가 없으면 뿌리를 내리지 못할 뿐만 아니라 항상 불안하다. 木이 酉월(양력 9월)이면 단풍이 들고 과일이 익는 시기이므로 이때는 土가 있다고 보아야 한다. 나무는 金이 있어야 다듬어지고 솟구치는 힘을 억제해 주기도 한다. 木이 편중(偏重)되면 인색하고 우둔하며 간 큰 행동을 할 수 있다.

마. 대처방안(對處方案)

甲木은 군자풍이 있어 자신을 낮추면 대인관계가 원활하고 좋은 인상을 받을 수가 있는데 이때 타인의 의견을 존중하는 자세가 필요하다. 따라서 거만스럽거나 뻣뻣하면 언젠가는 꺾임을 당할 때 그 실망이 클 수 있어 겸손한 자세가 중요하다.

바. 인체 내 장기(人體 內 臟器)

담(膽) 관련된 질병과 두통, 신경통, 근육통, 정신신경성 질환 등이 해당된다.

## 2. 乙(木)

가. 물상

乙은 음목(木)으로 화초목(花草木)이다. 화초, 채소, 잡초, 덩굴, 과일나무, 유실수, 묘목, 습목, 유목(幼木), 인동초, 공예품, 섬유, 의류, 종이 등이며, 지지에 卯木이 그 성격을 가지고 있다.

나. 정신성과 운동성

乙木도 흙에서 뚫고 나와 生의 개념이 있으며 자라는 모습이 甲木은 솟구쳐 올라가나 乙木은 갈라지고 굽어지며 위로 치솟는 형상으로 나타내고 있다.

甲木 보다 연하고 약해 보이나 환경적응능력이 뛰어나고 강인한 생명력을 가지고 있다. 토양을 가리지 않으며 바위틈에서도 뚫고 나와 생명력을 유지한다. 밟고 굽힘을 당해도 다시 살아나

어떠한 난관에도 잘 적응하는 성격이 있다.

꽃은 누구나 좋아하기 때문에 친화력이 있다. 가끔 앞장도 서나 끝까지 있지 않고 비집고 빠져나간다.


다. 단점

꽃은 떨어지면 별 볼일이 없는 것과 같이 실속이 없다. 아름다움이 없어지면 좋던 인기도 떨어진다.(배우나, 탤런트를 예로 들 수 있다)

타인을 이용하려는 은근한 의지력이 있다. 甲木이 옆에 있으면 담쟁이 넝쿨나무는 감고 올라가 甲木을 귀찮게 하는 특징이 있다.


라. 다른 오행과의 관계

乙木도 水와 火(태양)가 필요하다. 그러나 水가 넘치면 물위에 뜨고 부패하기 쉽다.(水多木腐) 또한 乙木은 4계절 火가 늘 있는 것이 좋으나 역시 지나친 火는 말려죽게 한다. 乙木이 丁火를 보게 되면 베풀려는 의식이 있다. 金이 많으면 乙木은 어려움을 당할 수가 있다 이때 丙火가 있으면 火剋金이라 어려움 없이 성장할 수 있다. 土도 지나치게 많으면 나무가 상할 수가 있다. 앞에서 이미 공부한 바와 같이 토다(土多)는 목절(木折)이라고 하였다.


마. 대처방안

변하지 않고 늘 친화력을 유지하도록 노력해야 한다.

환경이 변할 때는 강인한 정신도 가지고 있으므로 타인을 이용하거나 의존하려는 정신을 버리고 독립적으로 일어서보려는 노력도 필요하다.


바. 인체 내 장기(人體 內 臟器)

간(肝)과 관련된 질환과 甲木의 인체 내 장기를 참고 바람.


## 3. 丙(火)

가. 물상

丙은 양화(陽火)이며 태양화(太陽火)를 말한다. 큰 불덩어리, 큰불, 광양(光陽), 열(烈), 왕(旺)한불, 큰 화약, 인화물, 방사선등 빛과 열을 가지고 있으며, 지지에 巳火가 그 성격을 가지고 있다.


나. 정신성과 운동성

丙火는 태양이며, 태양은 지구뿐만이 아니라 木, 火, 土, 金, 水성(星) 등 많은 행성을 거느리고 우주를 주관한다. 태양의 빛은 온 지구를 고루 비추고 모든 생명체(生命體)를 키우고 성장시킨다. 丙火를 가지고 있는 사람은, 사람을 또는 회사를 키워줄 줄 아는 사람이다.

빛을 고루 비추기 때문에 공명정대(公明正大)하여 매사에 공평하고 솔직하여 남에게 속이는 일이 없다. 밝고 쾌활하여 매사에 적극적이고 용기와 과단성 그리고 포용성이 있어 보스 기질을 갖고 있다.


다. 단점

불같은 급한 성격 때문에 실수를 자주하며 실증을 빨리 느낀다. 자기주장이 강하고 폭발적인 성격으로 무모한 행동을 하는 경우가 있고 때론 독불장군처럼 행세한다.

丙火가 일간(日干=나)인 사람은 말이 많고 간섭하기 좋아하며 비밀유지가 어렵다.(태양을 가리는 것은 어렵다)

태양으로 태어났기 때문에 자기가 제일 높은 줄 안다. 다 밑으로 보고 여성은 남편을 우습게 안다. 여성은 집안 살림보다는 대외활동을 더 선호하고 열기를 밖에다 쏟아낸다.(태양을 실내에 담아 둘 수가 없다)

丙火 일간은 대체적으로 얼굴이 훤하고 사치를 많이 한다. 그러나 태양에 흑점이 있어 새카맣게 타듯이 말 못할 고민을 가지고 있는데 즉 가정문제, 신체문제, 학력문제 등 밝히지 못할 하나씩의 비밀을 가지고 있다.


라. 다른 오행과의 관계

丙火는 다른 천간으로부터 영향을 받지 않으나 대신 다른 천간에 영향력을 행사 한다. 甲木은 성장시킨 공덕이 있어 좋아하고

壬水는 丙火의 빛을 받아 찬란한 빛을 발산하며 癸水는 빛을 가리기 때문에 싫어한다. 水木火가 잘 구성되어 있으면 수화기제(水火旣濟=水火가 서로 돕는 것)를 이루게 된다. 戊己土는 빛을 어둡게 만들어 능력을 발휘하기가 어렵다. 사주 구성에 따라 태양의 역할을 못하는 경우도 있고, 지는 태양인지 뜨는 태양인지를 구별도 해야 한다. 여름철 태양은 너무 더워 사람이 모이지 않으며(이때 적절한 水가 필요하다), 겨울철 태양은 해 뜨는 시간이 짧기 때문에 빛이 흐리거나 열이 약(弱)할 수가 있다.

　마. 대처방안
　丙火 일간은 누가 보아도 훤한 인상을 주므로 타인의 관심을 갖는다.
　불같은 성격을 줄이고 말을 많이 하지 말고 겸손을 무기로 삼아야 한다. 여성은 직업여성을 제외하고는 잦은 외출을 삼가하고 또한 남편을 무시하는 행위는 가정의 평화유지 보다는 파괴할 가능성이 크므로 잘 대처해야 한다. 태양은 하늘에 떠 있지만 사람은 추락할 수 있다는 것도 명심할 필요가 있다.

　바. 인체 내 장기(人體 內 臟器)
　소장(小腸), 삼초(三焦)질환과 눈병, 편두, 고혈압 등에 해당된다.

## 4. 丁(火)

### 가. 물상

丁은 음화(陰火)이며 등촉화(燈燭火)이다. 달, 햇불, 촛불, 등촉, 불씨, 등대(스포트라이트), TV, 컴퓨터 등은 빛이고 난로, 화로 불, 가스레인지, 용광로는 열로 분류한다. 지지에는 午火가 그 성격을 갖고 있다.

### 나. 정신성과 운동성

대외적으로는 조용하고 온화한 면이 있으며 촛불처럼 헌신적이고 사교적이다. 내면은 집념이 강하고 정신력이 뛰어나며 밤에 등불을 비추어 깨어있듯이 생각이 깊고 성숙되어 있다. 또한 합리적이고 원칙주의자로서 교육자가 많이 나온다. 그러나 용광로 불을 가지고 있어 폭발적인 위험성을 늘 내포(內包)하고 있으며 한편 촛불은 쉽게 꺼질 수도 있다. 丙火와의 차이점은 丁火는 내면의 깊이가 있으나 丙火는 겉은 화려하나 흠점이 있듯이 속이 타고 있다.

### 다. 단점

타인의 불의(不義)와 부정행위 등을 알 때는 그 상대를 혐오하여 더 이상 상대를 하지 않는다. 생각이 너무 깊어 쓸데없이 번민하고 잠을 이루지 못하여 건강 내지는 자살까지 가는 문제가 발생한다. 종교나 철학을 탐욕(貪慾)하여 염세적인 행위로 빠지는 경우

도 있다.(丁火가 하나 더 있는 경우에는 기도생활로 평생을 지낸다)

밤중에 등대와 촛불은 모든 사람들에게 집중을 받지만 망망대해(大海)에서 홀로 서있어 외롭다. 내면에 용광로가 있어 폭발성으로 가는 경우가 있는데 남자는 욱하고 성질을 내며 여자는 신경이 예민해져 히스테리 증상을 보일 때가 있다.

### 라. 다른 오행과의 관계

丁火가 약하면 甲木이나 亥卯未 삼합이 가장 도움이 되며 물기 있는 생목(生木)은 상생(相生)이 불가하고, 뿌리가 약하면 金(재물)이 있어도 얻기가 어렵다. 戊土는 丁火의 열기를 보호해주나 빛은 戊土의 방해를 받을 수가 있다. 己土는 습토이므로 피해를 준다. 丙火가 옆에 있으면 丁火는 자신의 역할을 못한다.

### 마. 대처방안

친구 중 불합리한 사람을 늘 합리적으로 대하고 이끌어 감으로서 丁火의 장점인 깊은 생각을 표현하는 계기가 될 수 있겠다. 지나친 번민(종교 포함)은 자신의 몸을 해치는 것이므로 건전한 운동으로 방향을 바꾸는 방법을 모색해야 한다.

### 바. 인체 내 장기(人體 內 臟器)

심장(心臟)과 연관 되어 있고, 丙火의장기를 참고 하기 바란다.

# 5. 戊(土)

## 가. 물상

戊는 양토(陽土)이며 성원토(城垣土)로 태산(泰山), 산야(山野),제방, 언덕, 성곽, 축대, 건물, 벽, 굳어있는 땅, 만물의 생활 터전 등 이며, 지지에는 辰과 戌土가 그 성격을 가지고 있다.

## 나. 정신성과 운동성

戊土는 산의 기운을 닮아 묵직하고 중후하며 언행에 신중하다. 주관이 있어 마음이 흔들리지 않으며 개성이 뚜렷하다. 산은 비와 눈이 오거나 벼락이 쳐도 다 받아들이고 또 흡수하며 나무뿌리를 내리게 하고 물을 저장하여 사람을 비롯하여 동식물에 공급하는 등 후덕하다. 土는 앞에서도 언급한 바와 같이 음양을 다 아우르고 중용(中庸)과 중화(中和)를 지켜 분쟁이 있을 때에는 중재(仲裁)역할을 한다.

산은 높아 멀리 내려다보듯 사물을 잘 관찰하여 이상(理想)적인 계획을 갖는다. 산은 홀로 서있어 개인적으로는 외롭지만 예지력(叡智力)이 있고, 맑고 깨끗하며 누구도 꺾지 못하는 고집과 독선이 있다.

표현력이 좋으며 중후함과 중심을 잘 잡는다. 신용(信用)을 중시하여 신용관계가 성립되면 변함없는 것이 특징이다.

다. 단점

산은 화산이 폭발 하지 않는 한 움직이지 않는 것과 같이 고집이 세고 자기주장만 세워 독선적이다. 무게 잡고 교만하게 보일 수도 있다. 듬직한 사람으로 보이나 속내를 드러내지 않고 언행이 신중하여 답답하거나 무표정한 인상을 준다.

산에서 보는 시야(視野)처럼 현실이 계획대로 되지 않아 이상과 현실 사이에서 갈등과 괴리(乖離)를 갖게 된다. 이러한 갈등과 괴리가 심하면 자신이 산으로 들어가 현실도피를 하거나 수도생활을 하는 경우도 있다. 이상과 현실 속에서 잘 적응을 못하는 큰 단점이 있다.

라. 다른 오행과의 관계

甲木등 木이 많으면 木剋土하여 土가 힘을 못 쓴다. 그러나 戊土가 뿌리가 있고 水火가 함께 있다면 甲木은 잘 자라 좋은 경치를 만들 것이다. 乙木은 없는 것보다 낫지만 이상과 현실이 맞지 않는 행동을 할 수가 있고 지위가 낮아 질 수도 있다. 신약(身弱)한 戊土에 庚金이나 辛金이 있으면 몸이 아플 수가 있다. 戊土가 신약하면 水가 너무 많아도 산이 무너진다.

산은 계절마다 그 모습이 다르다. 여름철 산은 너무 덥고, 겨울철 산은 설산(雪山)으로 경치는 좋으나 외롭다. 봄철과 가을철 산이 사람들이 가장 많이 찾는다.

마. 대처방안

말을 하지 않고 독선적인 인상을 주지 않도록 대화를 많이 하고 특히 교만한 모습을 겸손으로 보이도록 노력하면 단점을 극복할 수 있다. 이상과 현실의 늪에서 빠른 시간 내 벗어나 현실생활에 몰두해 보려는 노력이 필요하다.

바. 인체 내 장기(人體 內 臟器)

위장(胃臟), 허리, 갈비, 겨드랑이 등이 해당된다.

## 6. 己(土)

가. 물상

己土는 음토이며 전원토(田園土)로 소토(小土), 생토(生土), 옥토(沃土), 밭(田), 답, 화원, 잔디, 골프장, 운동장 등 인간이 가꾸고 활용 하는 땅으로 지지에는 丑과 未가 그 성격을 가지고 있다.

나. 정신성과 운동성

인간의 삶의 터전이 되는 땅으로 곡식을 제공하고, 집을 짓고, 각종 건축을 마련할 수 있도록 제공하는 땅이다. 己土는 모든 생명체가 자라고 성장할 수 있도록 하고, 어머니의 품과 같은 편안함을 제공하며 자애(自愛)로움과 포용력을 지니고 있어 적(敵)이 없다.

성격은 순박하고 부드러우며 조용하고, 자기의 주장을 잘 드러내지 않는다. 항상 대의와 중용을 지키고 언행이 일치하고, 신중하게 처신하며, 성실하고 자기 일에 충실한 타입이다. 부부나 연인 관계에서도 애정이 깊고 은근하며 한번 믿으면 끝까지 믿고 사랑하는 사람이다.

\* 이상은 己土의 사주가 조화롭게 잘 짜여 있을 때를 말함.

\* 한국이 잘살지 못했던 시절 어머니들은 아이를 5-10명씩 낳아 기르고 시부모 모시고, 밭에 나가 밭농사를 짓는 억척스러운 어머니 상(像)이었다. 오늘날 한국 경제발전에 밑거름이 된 사례이다.

\* 오늘날 己土 여성은 통계적으로 많이 나오지 않고 있는데 이는 시대적 변화를 나타낸 것이라 하겠다.

다. 단점

己土는 말을 잘하지 않아 속을 알 수가 없고, 음탐(淫貪)하거나 능글맞다는 인상을 주거나, 누가 뭐라고 하여도 순종하는 자세를 갖고 있어 좀 모자라고 어리석다는 모습을 준다.(그러나 속은 알 것은 다 알고 있다)

늘 수동적(受動的)이고 피동적(被動的)이다. 왜냐하면 배추 심으면 배추밭이고, 콩을 심으면 콩밭이다. 자기주장을 세우지 못해 권리를 찾지 못하여 타인에게 양보할 수밖에 없는 입장에 놓이게 된다.

라. 다른 오행과의 관계

己土는 전답(田畓)이므로 농작물(木)이 있으면 태양(火)이 있고 물(水)이 있어야 성장한다. 그러나 火와 水가 적절히 있어야 한다. 水가 많으면 戊土가 필요하고, 火가 왕(旺)하면 癸水의 도움이 필요하다.

밭에 金이 많으면 작물이나 木이 자랄 수가 없으며, 土가 왕(旺)하면 木에 의해 소토(疏土=땅을 트게 함=木剋土)가 필요하고, 乙木은 크게 도움을 받지 못한다. 己土는 뿌리를 어디에 두느냐에 인데 丑土인 경우는 丙火의 도움으로 작용이 발현되고 未土에 뿌리를 두면 癸水의 도움이 있어야 금화교역(金火交易)의 뜻을 이룰 수 있다.

음양적인 관점에서 土는 변화(變化)의 주체(主體)가 되어 木에서 火로 火에서 金으로 金에서 水로 넘겨주는 역할을 하므로 세대교체(世代交替)의 중심이 되고 있다. 뜨거운 여름 戊土에 의해 정지된 햇살(火)이 己土로 넘어가면 흡수작용이 왕성하여 火의 기능이 변질되고 수축(收縮) 작용이 이루어지기 시작한다.

또한 己土의 4계절적 관점으로 본다면 봄은 火에이어 水가 적절이 있어야 木을 키울 수가 있으며, 그러나 木이 왕해지면 己土가 허(虛)해 지는 것을 주의해야 하며 이때 金이 있어야 한다. 여름은 조열(燥熱=火의 기운이 강한 것)해지면 己土의 작용이 부실해 질 수가 있어 癸水가 있으면 좋다. 가을은 丙火가 있으면 과일이나 열매가 익어가는 시기이므로 좋고, 물(水)은 전답에서 더 이상 필요치가 않으며 水가 왕(旺)해지는 것을 꺼리게 된다. 겨울은 丙火로 한기(寒氣)를 제거하면 활동력이 좋아지고 비닐하우스를 활용하여 특용작물 등을 키울 수가 있어 특수한 일과 재주가 있는 사람으로 보기도 한다. 그런데 金이 왕하면 뜻을 펼치는데 장애가 된다. 반대로 火가 약하거나 없다면 보리나 밀 정도는 심겠지만 눈 덮인 밭은 쓸쓸하고 할 일이 없다.


마. 대처방안

자기주도적으로 일을 처리하려는 교육이 필요하다. 매사를 주도적이며 적극성으로 이끌어가는 변화를 갖게 되면 리더로 자리를 잡을 수도 있겠다.


바. 인체 내 장기(人體 內 臟器)

비장(脾臟), 소화기, 복부(腹部), 눈에 해당한다.


# 7. 庚(金)

가. 물상

庚은 양금이며 검극금(劍戟金)으로 철광석, 무쇠, 강금(剛金), 철강, 바위, 금고, 기계. 무기고, 자동차, 중장비, 물탱크, 냉장고, 연장 등이고, 지지에는 申金이 같은 성격을 가지고 있다.

## 나. 정신성과 운동성

庚金은 시기적으로 가을이다. 그동안 만물의 기운이 팽창하다가 수축(收縮)으로 바뀌어 열매를 익어가게 하는 과정 즉 변화의 조짐, 개혁의 과정을 의미한다. 의리(義理)와 의협심(義俠心)이 강하여 한번 사귀면 평생을 믿고 배반치 않으며 충성을 다한다. 공(公)과 사(私)를 분명히 가리고, 통솔력이 뛰어나며 개혁과 변화를 결정할 때에는 소신을 가지고 밀어붙이는 추진력이 있다. 보스(Boss)와 리더의 기질이 있어 얼굴에 위엄과 견고한 인상을 주며 눈썹이 굵거나 거칠고 풍만한 신체로 사람을 제압하는 기풍이 있다. 甲木과 같이 앞장을 잘 서고 행동이 빠르며 말 보다는 행동으로 옮긴다.(양간(陽干)의 성격은 대체적으로 앞장을 선다)

겉으로는 강해 보이나 속은 부드럽고 실속이 없어 수박, 호두와 같이 겉은 딱딱하나 속은 부드러운 것이 특징이다. 예로서 박정희 대통령, 정주영 현대회장을 들 수 있겠다.

## 다. 단점

밖에서는 주위 사람으로부터 모두 좋다고 소리를 들으나 실속이 없고 집안에서는 환영을 받지 못한다. 카리스마적 성격으로 자신의 결정을 좀처럼 번복치 않아 모가 난다는 소리를 듣거나 때에 따라서는 살기(殺氣)가 뻗쳐 냉혹하거나 잔인하여 무기를 들고 사람을 해치는 경우도 있다.

딱딱하고 난폭한 인상으로 사람들이 쉽게 접근하지 않아 대인 관계에 단점이 될 수 있겠고 신약한 사주는 대체적으로 용모(容貌)가 떨어진다. 남녀 모두 완고한 성격으로 상대가 흐트러진 행동을 하면 용납하지 못하는 결점이 있다. 정을 쉽게 주고받지 않지만, 일단 사랑에 빠지면 헤어나지 못한다.

　라. 다른 오행과의 관계

　庚金을 잘 다스리려면 火와 水가 반드시 있어야 한다. 즉 철광석에서 철판을 얻으려면 용광로(丁火)가 필요하고 담금질을 할 물(水)이 필요하다. 그래서 金이 있을 때는 火와 水가 있나 보아야 한다.

　만약에 火 水가 없다면 독선적(또는 독재적)이고, 냉정하고 시비가 자주 일어나 불행한 일이 일어난다. 부모형제도 모르고, 함부로 무기를 사용하는 비인륜(非人倫)적 행동을 한다. 정리하면 庚金은 丁甲壬을 제일로 쓰고, 己土도 좋아 한다. 丙火는 동절(冬節)에 조후(調候) 역할은 하나 도움이 되지 않으며 癸水는 丁火를 상하게 하고 金을 녹슬게 한다. 水가 왕하면 戊土가 있어야 좋고 그러나 土가 왕한 것은 원치 않는다.

　마. 대처방안

　庚金은 단단한 인상에 보스기질과 의리까지 있어 여기에 부드럽고 잘 웃는 인상을 준다면 많은 사람이 따르고 선호할 것이다. 아무리 자신의 결정이 옳다하여도 현대의 복잡한 사회에서는 자칫 실수하기 쉽다는 것을 인식하는 것도 중요하다.

　　살기(殺氣)가 있는 사주는 많은 정신적 교육(종교입문 포함)을 통해 개선할 수 있는 것이 인간이므로 노력하면 된다고 본다.


　　바. 인체 내 장기(人體 內 臟器)

　　대장(大腸), 배꼽, 척추, 뼈, 골수(骨髓)에 해당된다.


## 8. 辛(金)

　　가. 물상

　　辛은 음금이며 주옥금(珠玉金)으로 인간이 세공(細工)을 하여 활용하는 금이다. 금기(金氣)의 본질인 결정체(結晶體)를 의미하고, 金銀, 다이아몬드 등 보석과 칼, 침, 볼트, 비철금속, 제련된 금속, 컴퓨터, 반도체, 전화기, 카메라, TV, 의료기구, 관(冠), 파이프, 인쇄기 등이며, 지지에는 酉金이 같은 성격을 가지고 있다.


　　나. 정신성과 운동성

　　辛金은 가공이 되어 있는 물체이므로 필요한 곳에서는 쓸모가 있고 값어치를 인정받고 있어(금, 은, 다이아몬드, 반도체 등), 어디를 가든지 능력을 인정받는 장점이 있다. 세공이 되어있어 섬세(纖細)하고 깔끔하며 복장 등 멋을 내고, 컴퓨터와 같이 세밀하고 정확하여 매사에 일을 정확히 처리하는 것이 특징이다.

약해보이는 듯하나 속은 단단하며 전체적으로 庚金보다는 훨씬 부드럽고 감수성이 풍부하고 깔끔한 용어를 사용한다. 그러나 자존심이 강하고 욕심이 있고 자아도취(自我陶醉)에 빠지는 경우도 있다. 정확한 기준이 서있기 때문에 법을 지키는 판사(判事)나 제단사가 되는 경우도 있다.

### 다. 단점

까다롭고 정확하기 때문에 어지간한 사람이 아니면 비위 맞추기가 힘들다. 남자 辛金 사주는 제화(制化=견제 받아 잘 다듬어진 것)되어 있지 않으면 부인 등 가족을 피곤하게 한다.

잘 따지고 깨끗한 것을 좋아하기 때문에 아무에게나 일을 맡기지 않는다. 더 나아가 결벽증 까지 있는 사람도 있다. 잘난체를 잘해 다른 사람으로부터 질투나 씹는 사람이 항상 따른다. 자기는 아니라고 하여도 사람 눈에는 쌀쌀맞은 기운을 느끼게 한다. 매사 일을 처리할 때 치밀하여 송곳이나 면도칼로 베듯이 완벽한 발언을 하여 남들이 두려워할 정도의 냉혹함을 가지고 있어 음산한 느낌을 갖게 한다.

남자의 경우 장부(丈夫)다운 기개가 부족한 면이 있다.

### 라. 다른 오행과의 관계

辛金은 완성된 물체로 2차적인 작업을 원하지 않아 丁火를 싫어한다. 다만 겨울에는 물을 따뜻하게 하여 木을 키워주기 때문에 좋아한다. 壬水가 있으면 씻어주고 빛나게 해주므로 뜻을 이룰 수가 있다. 土가 많으면 매금(埋金)되어 자신을 드러낼 수가 없고 丙火를 보면 주변으로부터 도움을 크게 받을 수가 있다.

乙木과는 충(沖)이 되어 이때 土가 많으면 매몰(埋沒)될 수 있고, 巳火에게는 녹기 쉽고, 子水는 계절적으로 겨울이라 눈(雪)에서 金生水이나 설기(洩氣=넘치는 기운을 다음 오행에 준다)하여 좋을 것이 없다.

辛金은 壬水가 있거나 지지에 酉金의 뿌리가 있으면 건강하여 어려움이 없다.


마. 대처방안

겸손한 태도와 부드러움이 있어 덕을 쌓는 노력을 하면 자연 인기를 얻게 될 것이다.(깨끗하고 멋을 낼 줄 알고 부드러움을 보여 주므로) 송곳과 면도날은 필요할 때 사용하고 늘 감추어두는 것이 좋다.


바. 인체 내 장기(人體 內 臟器)

폐(肺臟)에 해당된다.

## 9. 壬(水)

### 가. 물상

壬水는 양수이며 호수, 강물, 바다, 댐, 비(큰비), 눈, 비를 가지고 있는 먹구름, 해변 가, 수평선, 감옥(監獄), 도적(盜賊), 등 이고, 지지에는 亥水가 그 성격을 가지고 있다.

### 나. 정신성과 운동성

물(水)은 인간을 비롯한 모든 동식물에게 생명의 근원이며 그 물로 생명이 보존되고 또 이어져오고 있다. 머리가 총명하고 창의력이 뛰어나고 앞을 내다보는 선견지명(先見之明)과 지혜(智慧)를 가지고 있다.

강물은 끊임 없이 흐르는 것과 같이 계속하여 노력하는 자세를 가져 매사에 박식(博識)하며 서두르지 않고 꾸준히 추진하는 의욕을 갖고 있다. 강물과 바닷물은 하숫물과 구정물, 썩은 물 등을 다 받아들이고 희석시키고 흡수하여 포용한다. 성품도 물처럼 깨끗하고 마음은 바다처럼 넓으며 모든 것을 받아들이는 자세로 어느 곳에서나 잘 어울리고 사람을 가리지 않고 잘 화합하고 대립하지 않는다.

물(水)은 뭉치고 응집력이 있으며 멈추지 않고 틈만 있으면 지나가거나 채워주고 항상 수평을 이루고 흐른다.(몸에 물이 없으면 잘 넘어 진다 – 수평을 이루지 못해)

다. 단점

머리가 좋아 남을 무시하거나 지능적 범죄를 저지를 수가 있고 물은 차서 냉정하게 보이며 사람 말을 잘 듣지 않는다. 한번 얼은 물은 쉽게 녹지 않는 것과 같이 한번 토라지면 잘 돌아서지 않는다. 소리 없이 스며들어가 행동하기 때문에 표가 나지 않는다.

강이나 바다 물속을 알 수 없듯이 자신의 속마음을 표현치 않아 음흉하거나 비밀이 많다는 오해를 받을 수가 있다. 깨끗한 물에 고기가 살지 못하듯이 때에 따라서는 음란(淫亂)하여 비천한 입장에 놓일 수도 있다. 응집력은 좋으나 너무 진드기 같이 달라붙어 남을 괴롭히는 경우도 있다.

자기 자신을 너무 과신하여 자기 꾀에 빠지는 경우도 있고 경솔한 면도 있어 신뢰감이 떨어질 수도 있다. 남을 이용하려거나 권모술수가 지나쳐 사기성으로 변하는 경우도 종종 있다.

강물이나 바닷물은 잔잔해 보이나 파도가 치고 해일이 일어나면 수천 내지 수만 명이 물에 잠겨 죽는 것과 같이 사주에 물이 많으면 풍파를 조심해야 한다.


라. 다른 오행과의 관계

壬水는 왕 하면 즉 지지에 수국(水局=물로 세력을 이루다)인 亥子丑이나 申子辰이 있다면 물이 넘쳐 홍수가 나 많은 피해를 받게 된다. 그래서 壬水는 신왕(身旺)한 것 보다는 신약(身弱)한 것이 더 나으며, 壬水가 일간(나=日干)일 경우는 庚申이나 辛酉가 생

(生)해주는 정도가 되면 아름답다.

　　水가 旺할때에　戊土가 있으면 다목적 댐이 되어 쓸모가 있고 흐르는 물을 막아준다. 그러나 물은 담아 두면 변질될 가능성이 있으므로 甲木이나 寅木이 있어야 탁수(濁水)를 면하게 된다. 또한 壬水가 甲木과 丙火가 있으면 수화기제(水火旣濟)가 되어 좋은 사주로 보고 있다. 그런데 火가 왕하면 수갈(水葛)로 인해 내 몸을 상(傷)하게 하고 木이 너무 많으면 수로가 갈라져 분주할 뿐 큰 뜻을 펴기가 어렵다.

　　壬水에 己土는 막아주지도 못하여 흙탕물만 만들고 甲木에는 해(害)만 주어 쓸모가 없다.


　　마. 대처방안

　　머리가 현명하므로 표현을 자주하여 속을 알 수 없는 사람이라는 것을 떨쳐버려야 한다. 매사를 너무 과신하거나 겸손치 못하면 이웃이 없으며 또한 경솔하면 남이 믿음을 갖지 않아 이것을 늘 주의해야 한다. 水가 많은 사람은 풍파를 방지할 수 있도록 火와 木 있는 지역으로 거처를 옮기는 등 대비책을 강구해 보는 것도 한 방안이다.


　　바. 인체 내 장기(人體 內 臟器)

　　방광(膀胱)등 물을 주관하는 장기가 해당된다.

## 10. 癸(水)

### 가. 물상

癸水는 음수이며 우로수(雨露水)이다. 원천(源泉), 샘물, 땅에서 졸졸 흐르는 물, 생수(生水), 이슬비, 눈물, 생명의 출발인 정자(精子), 난자(卵子)와 종자(種子), 원자(原子), 분자(分子), 정보, 소프트웨어 등이고, 지지에는 子水가 그 성격을 가지고 있다.

### 나. 정신성과 운동성

癸水는 모든 생명의 근원(根源)이며 인간과 직접적인 관계가 있다. 인류의 발상지를 보면 티그리스 강, 유프라데스 강 등 강을 끼고 생활의 터전을 잡고 살아 왔다. 재능이 특출하고 아이디어와 순발력이 뛰어나며 임기응변(臨機應變)이 능하여 참모(參謀)와 보좌(輔佐) 역할에 어울린다. 순종(順從)하는 자세와 매사에 잘 동화하며 어떠한 환경에도 자유자재로 변신(變身)하여 대응하고, 조용하고 마음 씀씀이도 자상하고, 애교를 겸비해서 상대방의 심리도 잘 파악한다.

### 다. 단점

자유자재로 변신하므로 지조가 없거나 줏대가 없어 보이고, 때에 따라서는 자기 꾀에 자신이 당하는 경우도 있다. 癸水는 작은 물이므로 마르거나 변할 수가 있다. 설탕타면 설탕물, 소금타면 소금물로 수시로 변한다. 재능이 뛰어난 만큼 실천력이 부족하여 남의 어려운 처지에 적극적으로 도움을 주지 못한다. 감추고 있는 것이 많은 것처럼 보이거나 또는 신비스럽게 보여 오해를 일으킬 소지가 많다.

### 라. 다른 오행과의 관계

癸水는 지지에 뿌리를 내리지 못하면 약(弱)한데(천간에서 지지로 뿌리를 내리는 것을 통근(通根)이라한다), 뿌리를 내려 강(强)하면 壬水와 같은 성격을 갖는다. 癸水의 강약(强弱)은 다른 천간(天干)과 같이 통근하거나 계절에 따라 영향을 받는다.

癸水는 비겁(比劫)의 도움을 바라지 않으나, 弱할 때에는 비겁의 도움을 가장 기뻐한다. 신약(身弱)할 때 庚金이 있으면 물을 탁(濁)하게 하므로 싫어하고 그러나 辛金은 좋아한다.

\* 比劫=비견(比肩)과 겁재(劫財)로서, 비견은 형제나 친구 또는 동업자를 말함. 겁재는 형제나 친구이긴 하나 내 재물을 겁탈 하는 것

癸水 일간은 이웃하고 있는 천간에 따라 자신의 성향이 달라지며 어떠한 오행이 투간(透干=지지에 있는 글자가 천간에 나타남)되어있는지를 보아야 한다. 丙火가 있으면 증발(蒸發)될 우려가 있고, 壬水가 있으면 壬水로 흡수되어 壬水가 강해진다.

水의 질(質=氣運)과 량(量=勢力)을 보려면 맑은 물(生水=淸)인지 탁한 물(廢水=濁) 인지를 구별해야 하고, 물이 깊은지(심=深) 또는 얕은지(천=淺)를 알아야 한다. 이를 구별하려면 사주의 구성을 보아야 하는데, 청(淸)과 탁(濁)은 물의 기운(氣運)을 보는 것이며, 물을 맑게 하고 정화(淨化)시키는 역할은 木이 있어야 한다. 이어 火는 물을 살아 움직이게 하고, 金은 지속력 있게 만든다. 심(深)과 천(淺)은 물의 세력(勢力)을 보는 것인데, 水는 많다고 세력이 커지는 것이 아니며 金이 있어 조절을 해주면 그때 세력을 논(論)할 수 있겠다. 水는 많으면 水의 본질이 오히려 훼손된다.

마. 대처방안

재능과 순발력이 뛰어나므로 줏대가 없어 보인다는 인상을 사전에 차단하는 노력이 필요하다. 일간이 약한 사람은 좋은 친구와 관계를 유지하면서 냇가나 작은 호수 가까운 곳으로 거처(居處)를 옮기는 것도 고려할 만하며 나무가 있고 졸졸 흐르는 물이 있는 산을 끼고 사는 것도 좋겠다.

바. 인체 내 장기(人體 內 臟器)

신장(腎臟)에 해당된다.

# 7장

# 지지 각 기호(記號)의 기운(氣運)과 능력

# 7장. 지지(地支) 각 기호(記號)의 기운(氣運)과 능력

　　지지는 우리 인생의 초년, 청년에 거쳐온 생활과 환경, 학업의 동향 등이 표현(表現)되어 있고, 청장년(青壯年)을 거쳐온 직업과 출세의 향방, 재물동향과 건강문제 등의 개인적인 기운과 능력이 포함 되어있다.

　　또한 개개인 성격의 장단점에서 신사적이냐 폭력적이냐 등일생을 살아가는 모든 행태가 총 망라되어 표현되고 있다. 아래에 지지가 가지고 있는 기운과 능력 그리고 특징과 역할에 관하여 설명한다.

## 1. 지지의 기운(氣運)과 능력 그 특징 및 역할

　　지지의 정의와 역할은 앞에서도 언급한 바와 같이 천간의 기운을 포함하고 있고, 4계절, 시간, 방위, 음양 등을 표현하고 있다. 지지는 천간과 대응(對應)하여 반목도 하고, 또한 지지 상호간에 합(合)과 충(沖)을 하여 그 작용력이 다르게 나타나기도 한다.

지지 각 기호가 가지고 있는 역할과 기운, 특징 등이 어떻게 표현되고 있는지를 정리해 보면

● 시간과 월(月)을 표시하고 있다.

지지에서 시간과 월 등 시간대를 파악(把握)하는 것은 사주를 해석하는데 큰 역할을 하고 있다.

子時는 밤11:30~새벽1:30, 丑時 새벽1:30~3:30, 寅時 새벽3:30~5:30, 卯時 아침5:30~7:30, 辰時 오전7:30~9:30, 巳時 오전9:30~11:30, 午時 오전11:30~오후1:30, 未時 오후1:30~3:30, 申時 오후3:30~5:30, 酉時 저녁5:30~7:30, 戌時 저녁7:30~밤9:30, 亥時 밤9:30~11:30 까지를 말한다.

寅은 2月, 卯는 3月, 辰은 4月, 巳는 5月, 午는 6月, 未는 7月, 申은 8月, 酉는 9月, 戌은 10月, 亥는 11月, 子는 12月, 丑은 1月이다.

* 日, 時와 연관된 사항은 별도 항목에서 설명

● 천간(天干)의 뿌리가 된다.

가장 큰 작용으로서 뿌리의 역할이다. 하늘의 기운을 실어다 준다는 의미로 지재(地載)란 말로 표현하기도 한다.

● 고유(固有)의 특성을 가지고 있다.

천간과 연계되어 있지만 지지만의 고유의 특성을 가지고 있고, 4계절의 변화와 합과 충에 따라 다양한 모습을 보여주고 있어 그 추이를 잘 관찰해야 한다.

● 4계절 변화에 따라 음양이 바뀐다.

12지지 기호의 기본 음양관계는 子 寅 辰 午 申 戌은 양이고, 丑 卯 巳 未 酉 亥는 음이다. 그러나 4계절 구분에 따라 寅 卯 辰 巳 午 未는 양의 기운을 갖게 되고, 申 酉 戌 亥 子 丑은 음의 기운을 내포(內包)하고 있다. 또한 건조(乾燥)하고 습(濕)한 것으로 구분하면 寅 卯 巳 午 未 戌은 건조하여 양의 기운이 강하며, 子 丑 辰 申 酉 亥는 습하여 음의 기운이 강하다.

● 몸체(體)가 음과 양이 바뀌어 쓰인다.

亥水와 子水, 巳火와 午火는 본래의 몸체와 쓰임이 다르다.

즉 亥水는 몸체가 음이나 쓰임은 양으로 사용하고, 子水의 몸체는 양이나 쓰임은 음으로 사용한다. 巳火는 몸체가 음이나 쓰임은 양이고, 午火의 몸체는 양이나 쓰임은 음이다.

● 지지를 오행으로 구분 한다면

木의 지지는 寅卯가 되고, 火의 지지는 巳午이며, 土의 지지는 辰戌丑未이다. 金의 지지는 申酉가 되고, 水의 지지는 亥子이다.

● 지지는 방위와 계절을 구분하고 있다

寅卯辰은 동쪽이고 춘절(春節)로써 木의 계절이다.

巳午未는 남쪽이며 하절(夏節)이고 火의 계절이다.

申酉戌은 서쪽이며 추절(秋節)이고 金의 계절이다.

亥子丑은 북쪽이고 동절(冬節)이며 水의 계절이다.


● 동물하고 연결해 놓았다.

子는 쥐, 丑은 소, 寅은 호랑이, 卯는 토끼, 辰은 용, 巳는 뱀, 午는 말, 未는 양, 申은 원숭이, 酉는 닭, 戌은 개, 亥는 돼지.


● 우리 몸 속 오장육부(五臟六腑)와 연결, 건강을 체크(醫學的으로)할 수 있다.

木은 인체(人體)의 간장(肝臟)과 담(膽=간장에서 분비되는 쓸개즙을 일시적으로 저장과 농축하는 주머니 또는 쓸개)에 해당한다. 나무는 잘라 이식할 수 있듯이 간도 잘라서 남에게 이식할 수가 있고, 나무나 간은 그 색이 청록색으로 같다.

火는 항상 움직이고 활동적이며, 펼치는 행동을 한다. 인체에서 혈액 순환의 원동력이 되는 심장(心臟)과 소장(小腸=소화시키고 영양을 흡수하는 기관)에 해당한다. 심장은 항상 움직여야 하며 피를 온몸으로 펼쳐야 한다.

土는 음식물을 받아 소화시키는 위장(胃臟)과 비장(脾臟 = 노폐한 적혈구를 파괴시키는 기관)에 해당한다.

金은 마지막 소화기관인 대장(大腸)과 폐장(肺臟 = 혈액 중에 탄산가스와 산소를 교환해주는 기관)에 해당한다.

水는 인체에서 물을 주관하고 관리를 한다. 몸 속에 불필요한 물질을 오줌으로 배설시키는 신장(腎臟 = 콩팥)과 방광(膀胱 = 신장(콩팥)에서 흘러나오는 오줌을 저장하는 기관)등 생식기에 해당한다.


● 지지에는 색(色)이 있다.

木은 그린색(Green)이다. 火는 빨강색이고, 土는 누런색(온 돌방 바닥은 모두 누런색이다), 또는 땅 색이다. 金은 흰색이고, 水는 검은색이다.


## 2. 같은 목적, 같은 특색으로 뭉친다.

상기 지지가 가지고 있는 10가지 특징 외에 같은 목적(目的)을 가지고 뭉치거나, 같은 특색(特色)을 가지고 있는 지지별 움직임을 소개하면 아래와 같다.


가. 같은 목적을 가지고 뭉친 것은 삼합(三合)이라고 한다.

● 木局(국)으로 뭉친 지지 : 亥卯未(亥는 水로서 돼지띠, 卯는 木으로 토기 띠, 未는 土이고 양띠이다)

● 火局으로 뭉친 지지 : 寅午戌(寅은 木으로 범띠, 午는 火이고 말띠, 戌은 土로서 개띠 이다)

● 金局으로 뭉친 지지 : 巳酉丑(巳는 火로서 뱀띠, 酉는 金이고 닭띠, 丑은 土로서 소띠)

● 水局으로 뭉친 지지 : 申子辰(申은 金으로 원숭이띠, 子는 水로서 쥐띠, 辰은 土이며 龍띠 이다)


상기와 같이 합이 되는 기운은 각 지지에 내장(內藏)되어 있는 지장간(地藏干-별도항목에서 설명)이 있기 때문인데, 木으로 합하면 木이, 火로 合하면 火가 내장되어 있어 지장간을 보면 알 수 있다.

또한 상기 지지들은 서로 보면 뭉치는 힘을 가지고 있어 궁합을 볼 때 활용하고 있다. 예로서 범띠(寅), 말띠(午), 개띠(戌)는 火로 뭉치는 힘이 있어 말띠와 범띠, 또는 말띠와 개띠는 뜻이 잘 통하는 삼합의 힘을 가지고 있다.


나. 특성이나 성능이 비슷한 지지로 분류(分類)하면

● 사생지(四生地) : 寅巳申亥를 말하며 그 의미는 탄생하고 길러주고 보호해준다. 계절의 시작을 의미 한다. 寅은 봄의 시작이며, 巳는 여름의 시작이고, 申은 가을의 시작이며, 亥는 겨울의 시작이다. 시작을 잘하고. 창조하고 개척하며, 항상 준비하고 있다. 항상 움직이고, 활동적(지장간에 陽干만 있다)이고, 미래지향적(未

來指向的)이다. 역마성(驛馬性)이 있다. 즉 항상 움직이기 때문에 이동(移動)할 운이 있다.


● 사왕지(四旺地) : 子午卯酉를 말하고 그 의미는 자신을 중심으로 기운을 끌어 들인다. 주도권을 가지고 중심 세력을 형성한다. 황제 같은 위치를 유지한다. 버티고 있고 움직일 마음이 없으며, 오려면 네가 와라 나는 절대로 안 간다. 다른 오행과 함께 변하지도 않고, 다른 오행에게 주지도 않으며 받지도 않는다. 나는 "나다."

순수하고 정통파란 표현도 쓴다. 그러나 타협하지 않고 굽히지 않아 좀 딱딱하고 까칠하다. 자기의견을 분명히 표현한다. 한 가지 오행만 가지고 있다. 계절의 중심 세력이다. 즉 봄철하면 寅卯辰이라고 할 때 卯가 중심에 있다. 여름철 巳午未라고 할 때 午가 중심에 있다. 현 상황에 안주하려는 성격이 있다.


● 사고지(四庫地) : 辰戌丑未를 말하며 그 의미는 지지 전부가 土이다. 계절로 보면 환절기(換節期)이다.

辰土는 봄에서 여름으로 넘어갈 시기를 표현하고,

未土는 여름에서 가을로 넘어갈 시기를 표현하고,

戌土는 가을에서 겨울로 넘어갈 시기를 표현하고,

丑土는 겨울에서 봄으로 넘어갈 시기를 표현해주고 있다.

땅은 많은 것을 저장(木火金水를)하고 감추고 있다. 사주에

辰戌丑未가 많으면 묻어 둔 것이 많다, 숨겨(돈, 보석, 증권등)놓은 것이 많다고 할 수 있다.

부정적인 면으로는 아픔과 숨겨둔 비밀이 많다. 또한 사묘지(四墓地)라고도 한다. 女子 사주 중 辰戌丑未가 많으면 고독한 팔자로서 가슴에 묻어둔 것이 많이 있다.

또한 사고지는 지장간에 양간과 음간이 함께 있어 잡기파(雜技派)라고도 한다. 또는 여러 가지가 섞여있다. 그래서 土인데 그 이웃 지지에 따라 木이 되고, 火가 되고, 金으로 변하고, 水로 변하여 한 가지 오행으로 밀어 주는 특성이 있다.(그래서 눈치를 보는 지지란 말도 한다)

상기와 같이 지지가 목적이 같거나, 특색이나 성능이 같은 지지별 동향과 지지의 본성(本性=또는 고유의 특성)을 버리고 다른 오행으로 변하는 모습도 소개(紹介)하였다.

## 3. 지지 각 기호(記號)의 설명

지지의 설명은 木, 火, 土, 金, 水 순으로 하고, 사주도 입춘(立春)을 기준으로 한 해가 시작되므로 寅木부터 시작한다. 설명 순서는 각 기호의 글자가 뜻하는 의미와 유래(由來), 띠, 음양의 구분, 시간성, 계절별, 방향, 소유하고 있는 지장간(地藏干), 물상,

가지고 있는 기운과 능력(단점 포함), 다른 오행과의 관계, 인체 내 장기 등 소상하게 분류하여 이해를 돕고자 한다.

### 가. 寅木

#### 1) 글자의 의미와 유래(由來)

연(演)자에서 왔다고 하며, 물이 나무에 올라가는 현상과 옮겨지다, 이동하다(移動수가 있다), 연주(演奏)한다는 뜻이 있고, 끌어당기다 즉 丑土 추운 계절에 땅속에 얼어있는 생물을 지상으로 끌어내 만물을 생성(生成)시키는 의미가 있다. 만물이 꿈틀 거린다. 사람이 활동을 시작한다는 뜻이 포함되어 있다.

#### 2) 띠

호랑이다. 寅木을 동물 중에 호랑이로 지명한 연유(緣由)는 여러 가지가 있겠으나 땅속에 얼어붙은 생물을 지상으로 끌어낼 힘을 상징적으로 표시한 것으로 본다.

#### 3) 음양의 기운 구분

초봄이고 아직 正月(음력)이므로 한기(寒氣)가 있다. 따라서 차다는 기운인 음과 따뜻한 양이 수자로 표시하면 동수(同數)이다. 음도 3이고, 양도 3이다.(三陽三陰이라고도 한다) 음양의 조화가 잘 맞고 평화스럽다는 뜻이 포함되어 있고, 새로운 한해가 시작

된다는 뜻을 가지고 있다.


4) 시간성

새벽 03:30~05:30까지를 말하며, 寅時라고 한다.

인간은 우주(宇宙)의 기운이 있으므로 寅時에 일어나서 천기(天氣)의 기운을 받으면 좋다고 하여 우주의 섭리(攝理)를 깨달을 수 있는 시간이다.

* 子時는 하느님이 깨는 시간이고 丑時는 땅이 깨는 시간이며 寅時는 사람이 깨는 시간이다.


寅時에 일어나 활동하면 뇌에서 세라토닌(Serotonin)이라는 "정신이 맑아지고 기분을 좋게 하는 호르몬이 분비"되어 절이나 성당이나 교회에서 새벽기도를 하는 이유가 여기에 있다.


5) 계절별 상황(狀況)

寅月은 입춘이 지나면 봄이 시작되고 입춘절(立春節)이라고 한다. 우수(雨水)가 지나면 양기(陽氣)로 서서히 변하여 따뜻한 봄의 계절이 된다.


6) 방향성

동북 방향으로 만주의 동북삼성(東北三省)(옛 고구려땅)까지 포함된다.

* 방향은 木火土金水로 나누어 있으며 차후별도 항목에서 설명한다.

7) 소유하고 있는 지장간(地藏干, 天干을 한시적으로 소유)

寅木의 지장간은 천간 戊土를 7일간, 천간 丙火를 7일간, 천간 甲木을 16일간을 소유한다. 寅木은 甲木을 16일간 소유하고 있어 木이 50%가 넘는다. 그래서 寅木을 木으로 보고있는 것이다(합작회사의 지분이 보통 51% : 49%로 결정 되는데 이때 51% 소유지주가 대주주가 되며 결정권을 갖는 것과 같다). 그래서 寅木보고 너는 누구냐? 나는 木이다 한다.

그런데 앞에 삼합에서도 언급한 바와 같이 寅木의 木이 50%를 소유하고 있음에도 불구하고 寅午戌로 뭉치면 木을 버리고 火로 변하여 지지는 늘 가변성(可變性)이 있음을 염두에 두기 바란다.

8) 물상

큰 아름드리나무, 쭉 뻗어 있는 나무, 양목(陽木), 강목(强木), 조목(燥木), 사목(死木 = 재목으로 사용하기위한 나무), 눈목(嫩木 = 싹을 틔우는 어린나무)등 이다. 대체적으로 寅木은 물을 잘 흡수하나 2월의 지나친 물은 木이 자라기 어렵다.

9) 소유하고 있는 기운과 능력(단점포함)

용맹스러운 기상을 가지고 있다. 성격은 외향적이고, 솔직하고 의협심이 많고, 남을 잘 도와주려한다. 신념이 강하여 때로는 무모함도 있다.

지도자적인 기질과 용기와 추진력이 있고 운세가 왕성한 편이어서 관운(官運)이나 사업운이 따르기도 한다. 조상의 은덕으로 든든한 배경을 갖는 경우도 있다. 신속하고 민첩하며 행동반경이 넓어 역마성(驛馬性)이 있다. 사주에 寅木이 여러 개 있으면 종교적인 직업을 갖거나 종교와 연관된 일을 한다.

포악스럽거나 냉혈적인 심성을 가질 수 있다. 배신이나 배은망덕을 할 수 있어 고독하다. 고리 사채업을 하는 등이 단점이다.

寅木 대운(大運)이 들어올 때의 상황을 보면(대운은 10년에 한번 들어오는 運으로 별도 항목에서 설명) 寅木이 寅木 대운이 오면 기복이 크다. 남의 일을 봐주면 시비구설 (是非口舌)에 시달린다. 남의 일에 나서지 않는 것이 좋다. 체면과 연관 전전긍긍 해진다. 배신당할 일이 발생하거나 관재(官災)수가 생긴다. 또한 교통사고를 조심해야 한다.


10) 다른 오행과의 관계

寅木은 水를 대체적으로 잘 흡수한다. 그러나 寅月에 火가 없이 水가 너무 많으면 木이 자라지 못한다. 또한 水가 없이 火가 너무 강하면 분목(焚木 = 나무가 탄다)이 되기 쉽다.

木이 火를 만나면 木生火가 되는데 이를 고전용어(古典用語)로 목화통명(木火通明=木이 火를 만나면 木의 기운이 밝게 피어난다)이라 한다.

寅木이 寅月에 金을 만나면 어린 나무라 다치기가 쉽다. 그런데 申金을 만나면 충이 되는데 申金은 가을이라 봄과 가을의 기운이 다투는 것으로 寅중 丙火와 申중 壬水의 싸움은 그렇게 크지 않고 가볍다.

寅木이 土를 만나면 木剋土로 土가 붕괴(崩壞)할 것 같으나 寅木 지장간에는 土와 火가 공존하여 이때 土는 완전히 파괴되지 않는다. 이때 土가 장생지(長生地=土를 生하여준다)가 되어 극중생(剋中生＝剋을 당 하면서도 土는 生한다는 뜻)을 한다.

앞에서도 언급하였지만 지지 寅木은 천간의 木과는 달리 水가 아무리 많다고 하여도(旺洋之水＝왕양지수＝물이 아무리 많다 하여도) 부목(浮木)되지 않으며 水氣를 흡수하여 水木이 응결(凝結)되지 않는다. 이러한 이유는 水生木 木生火로 火의 기운이 있기 때문이다. 이를 고전용어로 탐생망극(貪生忘剋=生과 剋이 함께 있을 때는 生을 먼저 貪하고 剋을 잊는다)을 하기 때문이다.

寅木은 출발과 발생(發生), 추진과 개척의 의미를 가지고 있고, 양적인 활동인 예의, 법도(法道), 교육 등의 시초( ＝創始)가 되어 문화와 문명의 근간(根幹)이 되고 있다. 또한 寅木을 용희신(用喜神＝用神은 사주 전체 구조를 살펴서 중화점(中和點)을 이르도록 작용하는 글자를 찾는 것이며 희신(喜神)은 용신(用神)을 밀어주는 글자이다)으로 쓰는 사주는 많은 사람들에게 베풀거나 교육자, 종교인의 직업을 가진 사람이 많다.

11) 인체 내(人體 內)의 장기(臟器)

담(膽), 머리, 눈(眼), 근육, 동맥, 주먹, 팔, 무릎 등이 해당된다.


## 나. 卯木

### 1) 글자의 의미와 유래

卯木은 草木이 싹터 올라 가지와 잎으로 갈라지며 자라는 모양 상(象)에서 나왔다. 이 상은 옛날 대문(大門)을 여는 것과 같이 보고 있고, 춘분절에 해당하여 낮과 밤이 같다가 양이 길어지고 음이 짧아지는 분기점으로 서로가 갈라지는 이산(離散)의 뜻이 있다. 또한 卯는 천간 乙木이 가지고 있는 정신성과 운동성을 그대로 계승한 문자이며(지장간 에서 乙木을 20日간 소유), 만물이 무성하다는 뜻이 있다.


### 2) 띠

토끼이다. 卯라는 글자가 토끼의 귀에서 나왔다는 설도 있으나 추운 겨울철이 지나 양의 기운을 받아 봄철의 활동적인 시기로서 온화한 면도 있으나 성질이 급하고 예민한 동물이다.


### 3) 음양의 기운 구분

본격적으로 양기가 밖으로 나와 왕성하게 활동하는 때이며,

숫자로 표시하면 양이 4이고, 음이 2이다.(四陽二陰이라고도 한다)

### 4) 시간성

아침 05:30~07:30까지를 말하며, 卯時라고 한다.

잠에서 일어나 일터나 직장을 가기 위해 아침식사와 함께 준비하는 시간.

### 5) 계절별 상황

경칩절(驚蟄節)이다(개구리뿐만 아니라 모든 동물이 깨어나는 시기), 봄철을 말한다. 양기는 상승하여 점점 따뜻해지고, 만물의 성장이 빠르게 이루어지는 때이며 수기가 나무를 타고 올라 습목(濕木)이 되나 대기는 건조하다.

### 6) 방향성

정동(正東)쪽이다. 子午卯酉 지지는 "正"자가 붙는다.

### 7) 소유하고 있는 지장간

卯木의 지장간은 천간 甲木을 10일간, 천간 乙木을 20일간 가지고 있다. 木으로만 구성되어 있고 다른 오행과 섞여있지 않다. 그래서 정통파 순종파라 하여 자기주장이 강하다.

### 8) 물상

卯木은 음목으로서 습목(濕木), 생목(生木), 활목(活木 ), 유목(柔木), 초근목(草根木), 등목(藤木), 일년생목(一年生木), 지엽(枝葉), 넝쿨 등이다.


9) 소유하고 있는 기운과 능력(단점포함)

卯木은 木으로만 구성(지장간에 甲木과 乙木만 있다)되어 있어 사주에 卯木이 있으면 木의 기운이 강하다. 이때 주변에 水가 있으면 더욱 강한 木이된다. 卯木은 약한 나무이나 버드나무와 같이 잘 꺾이지 않으며, 어떤 장애물(障碍物)도 뚫고(바위틈에서도) 나오는 힘이 있다.

온화하고 모질지를 못하여 인정이 많다. 직업으로는 의약(醫藥)약사나, 법관, 종교, 철학 분야에 인연이 많다.

대체적으로 활동적이나 성질이 급하고, 아주 예민한 반면 고집이 있다. 대범하지가 못하고 심리적으로 불안감을 가지고 있어, 어지러운 세속 보다는 조용한 장소에서 평온한 생활을 원한다.

인덕(仁德)이 부족하여 부모나 형제, 친구로 부터 도움을 받기가 어렵다.(토기 띠는 인덕을 쌓는데 노력해야 한다)


10) 다른 오행과의 관계

卯木은 화초목(花草木)이라 水와金이 많은 것을 꺼린다. 즉 水가 많으면 부목(浮木)이 되기 쉽고, 金이 강하면 木이 다치기 쉽다. 이때 火의 도움이 절대적으로 필요하다. 卯木이 亥水를 보면

木의 기운이 더욱 강해지나, 子水는 오히려 뿌리를 상하게 하는데 이유는 子水가 추운 겨울 물이기 때문이다. 酉金을 만나면 왕지(旺地)끼리 충으로 卯木이 다치기 쉬우나 이때 火가 있으면 도움을 받고 물러서지 않는다. 사주에 木이 많거나 강하면 뻣뻣한 木은 오히려 金이 있어야 다져지고 만들어진다.

* 생(生)을 잘하는 지지가 있는가 하면 못하는 경우도 있는 바, 이를 잘 공부하여 활용하기 바란다.

卯木은 습목(濕木)이라 木生火에 관심이 없고, 대신 木剋土는 잘한다. 이유는 卯木은 지장간에 木으로만 구성되어 있어 다른 오행으로 변하지 않기 때문이다. 卯木이 戌土를 보면 합이되나, 卯月에는 오히려 木剋土의 작용이 더 강하므로 합이라고 볼 수 없고, 卯戌은 육합으로 火로 변하지(化) 않는다. 亥卯未 三合은 木局으로 이때 亥卯도 합이 되어 木으로 되나 木生火로 변하지 않는다. 또한 卯未 木局은 未土중에 丁火가 있어 木生火를 할 수 있다.

卯木이 丙火를 보면 水가 있어야 마르거나 타지 않는다. 丁火를 만나면 丁火가 꺼질 수도 있다, 이유는 습목 이고, 목다화식(木多火熄)이다.

寅卯와 卯辰은 방국(方局 = 같은 방향으로 局을 이룬다, 즉 木局이면 木局, 火局이면 火局 등 같은 방향의 局을 구성하는 것을 말함)을 이루고, 子水와는 子卯로 상형(相刑)이 되고, 酉와는 卯酉

충이며, 申과는 원진살(怨嗔殺 = 서로 미워하고 증오한다, 원진(元辰)이라고도 하며 神殺 종류의 하나이다)이 된다.

11) 인체 내의 장기(臟器)

간(肝), 목, 이마, 눈, 모세혈관, 근육, 말초신경(末梢神經), 수족(手足), 손가락, 발가락, 머리털, 정강이가 해당된다.


## 다. 辰土

### 1) 글자의 의미와 유래

辰月(4월)에 辰字는 기류(氣流)의 영향으로 천둥 번개가 많이 일어나 진동(震動)한다는 진(震)자에서 나왔으며 진동은 우뢰를 의미하며 펼쳐지고 만물이 빠르게 자라는 좋은 시기를 말한다.

진은 구름(雲)과 비(雨)를 동반하고 나아가 천벌(天罰), 괴강(魁罡=신살(神殺)의 하나로 壬辰, 庚辰으로 남자는 대권을 장악하고, 여자는 풍파가 많다고 해석한다)등의 뜻을 가지고 있다.

### 2) 띠

용(龍)이다. 실질적(實質的)인 동물이 아니고 상징적(象徵的)인 동물이다. 서양(西洋)에서는 용을 상상(想像)의 동물로만 취급하나, 동양(東洋)에서는 그 권위가 대단하여 존재감(存在感)을 갖는다. 용왕(龍王)은 왕권(王權)을 상징하고, 왕이 입는 옷도 용포(龍

袍)라 하여 최고의 권위로서 존재감을 나타낸다.


### 3) 음양의 기운 구분

양기가 사방으로 확산되어 대기(大氣)가 따뜻하여 만물이 움트며 성장하는 시기로서 5양 1음(五陽一陰)으로 표시한다.


### 4) 시간성

오전 07:30~09:30 이며, 辰時 라고 한다.


### 5) 계절별 상황

청명(淸明)의 절기로서 그 기운이 사방으로 확산되어 요동치는 때이며 만물이 자라고 움직이는 시기. 木기(氣)의 성장을 火기(氣)로 연결하는 때이며 상승하는 기세를 일단 제지(制止)하여 조절(調節)하고 다시 발전시키는 시기이다.


### 6) 방향성

東南쪽이다.


### 7) 소유하고 있는 지장간

辰土의 지장간은 천간의 乙木을 9일간, 천간 癸水를 3일간, 천간 戊土를 18일간 소유한다. 戊土가 18일간 소유하고 있어 辰土는 실질적으로 土를 대표하나, 水를 보관하는 물 저장고(여기서는 고지(庫地)라고 표현)이다. 子水가 옆에 있거나, 세운(歲運 = 年運)이나, 대운(大運 = 10년에 한 번씩 오는 運)에서 子水가 들어오면 申子辰으로 삼합(三合)이 되며 水局으로 변(變)한다.

辰土는 지장간이 음木, 음水, 양土등 음과양이 섞여 있고, 3가지 오행으로 구성되어 있는 것이 특징이다.

지지인 辰戌丑未는 土라고 하지만 삼합의 대상이 들어오면 변하고, 또한 辰土는 水, 戌土는 火, 丑土는 金, 未土는 木의 고지(庫地 = 창고)가 된다.

### 8) 물상

언덕, 물의 침투를 막거나 물을 저장(貯藏)하는 제방(堤防), 산, 생토(生土), 토석(土石), 골재(骨材), 등이다.

### 9) 소유하고 있는 기운과 능력

辰土는 외향적으로는 양土이나, 내부적으로는 음의 오행(乙木, 癸水)을 가지고 있어 식물 배양(培養)에 가장 좋은 토양(土壤)이다. 甲辰인 경우는 좋은 옥토(沃土)에 뿌리를 내린 나무라고 하고 있다. 이는 지온(地溫)이 높아도 잘 견디어 낼 수 있기 때문이고, 그러나 추운 겨울에는 얼기 때문에 주위에 火가 있나 살펴야 한다.

辰土는 천간 戊土의 정신성과 운동성을 가지고 있다. 지혜와 포부가 크고 노력형이나 자존심과 고집이 있다. 이상(理想)과 꿈은

높고 크나 현실과의 차이가 발생하면 괴리감으로 방황하거나, 몽상가(夢想家)와 같은 성격을 가질 수 있다.

용(龍)은 변화를 주관하는 동물로 辰자를 가지고 있으면, 상상력이 뛰어나고, 엉뚱한 발상을 해서 많은 변화를 가져와 이무기(용이 되지못하고 물속에 사는 구렁이)가 되기도 하고, 용이 되어 승천 할 수도 있다. 항상 물을 가까이 하면서 물을 잘 조절하는 일을 담당하는 경우도 있다.


10) 다른 오행과의 관계

辰土는 물(癸水)을 저장하고 있어 나무가 뿌리 내리는데 좋은 습토(濕土)이고, 이때 火氣(기)가 높아도 설기(泄氣 = 넘치는 기운을 다음 오행으로 보내는 것)를 시켜주어 화기의 기운을 빼준다.

辰土는 土生金의 생금(生金) 작용을 잘하나 辰月은 봄이라 金이 힘을 쓰기가 어려울 때이므로 辰酉合의 작용이 어렵다. 酉金과는 육합(六合 = 지지에 있는 6가지 합으로 子丑, 寅亥, 卯戌, 辰酉, 巳申, 午未를 말함)이 되어 金局으로 변한다

子水를 만나면 水로 변하나 辰月(4월)에는 土기운이 강하여 戊土가 사령(司令 = 또는 당령(當令) = 자기 출생일자가 월지 지장간에 해당되는 천간을 말함)하면 土剋水의 작용도 있으니 살펴보아야 한다.

申과 子를 만나면 삼합으로 水局이 되어 강이나 바다가 되고, 寅과 卯를 만나면 방합(方合 = 동서남북 중 같은 방향의 합이

되고 같은 세력이 모이는 것)으로 木局이 된다. 戊土와 만나면 서로 반대 방향이며 봄과 가을의 기운 싸움으로 辰戌 충이 일어나고, 개고(開庫 = 창고가 열림)가 된다. 또한 지장간 에서는 金剋木의 작용이 크다. 金剋木의 현상(現狀)이 일어날 때는 辰土에 나무뿌리가 내리기 어렵다.

한편 土의 기운은 서로 섞이는 형상이 일어나 土는 오히려 강해진다. 辰中에 乙木과 癸水는 戊土가 와서 개고를 해주어야 밖으로 나와 용신(用神 = 사주 전체구조를 살펴서 중화점(中和點)을 이르도록 작용하는 글자)을 할 수가 있다. 亥水를 만나면 辰亥가 되어 원진(怨嗔 = 서로 미워하고 증오함) 관계이다.


11) 인체 내 장기

위장(胃腸), 배(腹), 등(背), 피부, 가슴, 뇌(腦), 코, 맹장(盲腸), 겨드랑이가 해당 된다.

* 龍의 모습 : 사슴뿔, 낙타머리, 토끼눈, 돼지 코, 소귀, 악어몸통(뱀), 잉어비늘, 잉어수염, 호랑이발, 독수리 발톱을 가졌다.



## 라. 巳火
### 1) 글자의 의미와 유래
巳月(5월)의 巳자는 생물 등이 이 시기에 자라고 일어나는 것이라고 하여 "일어날 기(起)"에서 나왔다고 한다.

또한 이 시기에는 태양(丙)의 열기(熱氣)가 땅에 전달되어 지열(地熱)이 꿈틀 거리고, 그 열기가(아지랑이) 하늘로 올라가는 모습이 마치 뱀의 모습과 같다고 표현 한다. 즉 지상의 양기(陽氣)가 하늘로 상승하는 모습이다.

### 2) 띠

뱀이다. 뱀은 쥐와 같이 다산(多産)형이고, 재복(財福)을 불러 주는 동물로 보고 있다.

### 3) 음양의 기운 구분

이 시기는 양기가 땅을 비롯한 대기를 완전히 지배하여 움직임이 활발하고 꽃이 피고 나무의 잎사귀가 자라는 계절로서 6양(六陽)으로 표시한다.

### 4) 시간성

오전 09:30~11: 30이며, 巳時라고 한다.

### 5) 계절별 상황

입하(立夏)의 계절로서 여름이 시작된다.

입하 초기에는 土와 金의 기운이 강하나 소만(小滿)이 지나면 양의 기운이 강하게 나타나는 계절이다.

6) 방향성

東南향이다.


7) 소유하고 있는 지장간

巳火의 지장간은 천간의 戊土를 7일간, 천간 庚金을 7일간, 천간 丙火를 16일간을 각각 소유한다. 丙火를 16日間 소유하고 있어 巳火는 火를 대표한다고 볼 수 있겠고, 巳火는 丙火의 태양 기운과 정신성, 운동성을 받아 지지에서는 火가 가장 많은 기호이다. 그래서 巳火는 음으로 태어났으나 양으로 활동 한다.

또한 지장간 구성이 戊庚丙인 양간으로 되어 있어 어떠한 지지보다 활동적이고, 적극적이며 가만히 있지 않는 특징을 가지고 있다. 지지 寅申巳亥는 이동(또는 교통수단)을 하는 역마살(驛馬殺)과 정보통신을 말한다.

* 지지 午火(말)도 똑같이 역마살이 있다.


또한 새로운 절기가 시작되는 立春(寅), 立夏(巳), 立秋(申), 立冬(亥)의 특징을 가지고 있는 바, 이는 새로운 일을 시작한다, 새로운 것을 창조하는 의미가 포함되어 있다.


* 교통수단을 표시 할 때 巳(뱀)는 다리가 없고, 火 이므로 비행기로, 寅(호랑이)은 속도가 있어 자동차, 또는 자전거로, 申(원숭이)은 금속이므로 기차, 지하철, 亥(돼지)는 물이므로 선박, 배 등으로 보고, 이를 이용 여행하거나 이동한다는 뜻이다.

8) 물상

태양의 열기, 광선, 적외선(赤外線), 자외선(紫外線), 방사선 (放射線), 양화(陽火), 왕화(旺火), 용광로(鎔鑛爐), 사화(死火 = 빛 으로 조용히 있는 불), 연료나 인화물질(引火物質), 석유, 화약(火 藥), 화공약품(化工藥品) 등을 말한다.


9) 소유하고 있는 기운과 능력

친구들과 또는 사회단체에서 조직을 잘하며, 협동심과 단결시 키는 힘이 좋고, 공과 사를 분명히 하며, 겸손하고 욕심이 없다. 지 혜가 풍부하여 의사 표시가 분명하고, 치료하는 기술이 있으며, 그 래서 뱀을 치료(治療)의 신(神)으로 보고 있어 군대에서 의무병과 는 뱀을 표시 한다.

巳火는 어느 지지보다 활동적이고 적극적이다. 능동적이고 공격적이다. 어떠한 일이든 두려워하지 않고 시작을 잘하여 창조적 이다. 巳火는 丙火의 정신성을 받아, 태양 빛이 골고루 비추어 공 평정대(公平正大) 하듯이 숨김없이 그대로 다 드러내는 성격이 있 다. 巳時는 아침 햇살이 퍼진 상태이기 때문에 거짓말을 할 수가 없다. 숨기거나 엉큼한 성격이 아니고, 행동이 빠르고, 급하며 불 같은 성격을 가질 수 있다.

巳인 뱀은 온대(溫帶) 동물로서 독을 가졌듯이 중성(重性)을 가지고 있다. 뱀이 혀를 내미는 것은 냄새를 맡기 위해서이며 뱀 은 눈이 잘 보이지 않는다. 행동이 빠르고, 쭉쭉 퍼져나가는 힘은 좋으나, 새롭게 바꾸려는 변덕심(變德心)이 강하고, 한번 성질이 났다하면 불같은 성격이 문제가 될 수 있다.

巳火의 지장간은 戊庚丙으로 구성되어 있는데, 庚金을 놓고 일부 학자들은 많은 고민을 하고 있는데, 巳火는 金의 장생지(長生地)라고 하는데, 이는 火의 기운으로 금속공업(金屬工業=즉 종이나 식기, 차, 비행기 등을 제조)의 발상(發祥 또는 發想)을 하며, 제조(製造)하는 뜻으로 장생(長生)의 의미가 있다는 것이며, 실제로 오행을 생하지 않는 점이 다른 오행과 다르다.

10) 다른 오행과의 관계

巳火는 이웃하고 있는 지지를 만나면 변화(變化)하기 쉽다. 申金을 만나면 두 가지 종류로 나타나는데, 그 하나는 巳申합이다. 둘째는 합이 아니고 오히려 형(刑)이 되는데, 이는 巳月(5월)이면 申金이나 酉金을 보면 火剋金의 현상이 일어나 형이 되는바, 巳火는 丙火의 성분을 갖고 있어 큰 불이기 때문이다.

巳火가 酉金과 丑土를 만나면 삼합으로 酉金을 밀어주어 金局이 된다.(목적이 같아 뭉치는 것 – 앞에서 언급) 巳火는 천간에 丙火나 戊土가 투출(透出=천간에 나타남)하면 "火"로 본다. 천간에 庚金이 있을 때에는 "金"으로 보는데 巳火는 庚金의 장생지(長生地)이기 때문이다.(위 9)의 사항 참조)

巳火는 戊土의 건록지(建祿 = 나라의 록을 먹는다. 즉 국가공무원을 말함)이다. 亥水를 만나면 巳亥 충으로 水剋火(북방과 남방의 싸움)가 일어나는데 이때에 木이 있으면 水火가 서로 돕는 입장(水生木, 木生火)으로 변하며, 수화기제(水火旣濟=水火가 서로 돕는 다는 뜻)라고 한다. 이때 약한 수기(水氣)는 巳火에 의해 증발 될 수가 있다. 寅木을 만나면 상생하나 형(刑)이 되는데 木은 강한 불에 타 버리기 쉽다. 戌土와는 원진(怨嗔)이 되는데 戌土 입장에서는 火生土가 되나 巳火는 강한 불이므로 너무 土가 건조(乾燥)해 질 수도 있기 때문이다.

巳月(5월)생은 천간에 丙戊庚중에 한 字라도 투출(透出)하면 그릇이 커진다.


## 11) 인체 내의 장기

소장(小腸), 심포(心包), 삼초(三焦), 항문(肛門), 얼굴(面), 어깨(肩), 혀, 이빨(齒), 인후(咽候), 편도선(扁桃腺) 등이 해당된다.


## 마. 午火

### 1) 글자의 의미와 유래

午자는 태양의 빛(光線)을 상징하는 문자로 양기가 극성한 가운데 음기가 서서히 시작되어 음양이 교체(交替)함에 따라 놀라기도 하고, 거스르다는 뜻이 있다고 한다.(말은 잘 놀라는 동물)

정오(正午)는 오전과 오후로 나누어지는 시간의 표시이다.

### 2) 띠

말이다. 말은 옛날에 교통수단으로 활용하였고, 전시에는 기마부대 등 전투 무기의 일환으로 유용하게 사용하였으며, 국가의 재산으로 관리하였다.

성질이 예민하고 잘 놀란다. 항상 서서 잔다.

### 3) 음양의 기운 구분

더위가 맹위를 떨치고 양의 기운(極陽)이 사방으로 퍼지고 있을 때, 하지(夏至)를 기점으로 음의 기운이 들어와 양의 기운을 차단하게 된다. 그러나 더위가 대단하여 음의 기운을 찾을 수가 없다. 음양의 구분은 5양1음(五陽一陰)으로 표시한다.

### 4) 시간성

오전 11:30~오후 1: 30 이며, 午時 라고 한다.

### 5) 계절별 상황

午月(6월)은 망종(芒種＝보리가 누렇게 익어가고, 꺼끌꺼끌한 이삭이 영그는 계절)으로 한여름(陽曆으로 대략 6월6일~7월5일까지)이 된다. 午月은 더위가 극에 달하(양기가 성하다)면서, 찬기(陰氣)가 생겨나 더위를 차단하나 더위는 계속 된다. 이때 잎사귀는 활짝 피고, 생물들의 꽃받침이 많아진다.

하지(夏至)가 지나면 후덥지근한데 공기 중에 습기(濕氣)가 있기 때문이며 습하다는 것은 水기가 있다는 것이며 양의 기운이 점점 약해지고 이때 땅밑을 파면 샘물이 시원한데 음의 기운이 있음을 말한다.(5~6월에 서리가 내린다는 것은 여기서 나온 말임)

### 6) 방향성
正南이다.

### 7) 소유하고 있는 지장간
午火의 지장간은 천간의 丙火가 10일간, 천간 己土가 10일간, 천간 丁火가 10일간을 각각 소유한다. 丙火(양)에서 丁火(음)로 넘어가는(交替)데 그냥 넘어가지 않고 己土를 거치게 하여 土가 중간 역할을 하고 있다.

午火는 천간 丁火의 정신성과 운동성을 이어받고 있으며, 巳火를 태양의 열기로 본다면 午火는 빛의 파장(波長), 광선(光線), X선, 레이저 광선, 방사선(放射線)으로 보고 있다. 레이저 광선은 직선으로 투과(透過) 하며 예리하여 미세한 균(菌)을 죽이는 힘을 가지고 있어 병원 등에서 사용하고 있다.

### 8) 물상
음화(陰火= 겉은 陽이나 속은 丁火(陰)가 있기 때문임), 생화(生火), 활화(活火), 등촉화(燈燭火), 전등(電燈), 조명기구(照明器具), 간판 등이다.

9) 소유하고 있는 기운과 능력

午火는 이중성(二重性)을 가지고 있는데 외적으로는 화려하나 내적으로는 얌전하다. 이유는 午火가 양이나 실리적으로는 음으로 사용하기 때문이다. 午火는 시간적으로 정오(正午 = 해가 중천에 떠 있는 시간)이기 때문에 누구나 다 볼 수 있어 매사를 정확히 하려는 의도를 가지고 있다.

자타가 공인하는 공공성이 있다. 법조계에 종사 하면 좋다.

* 중요 약속 일자는 오일(午日)이 좋다.

午火는 뜨거운 열기와 같이 오년(午年)에 태어난 사람은 활동적이고 용맹스러우며 의지가 굳고 의리가 있다. 또한 말띠 태생들은 대체로 움직여야 성공 할 수가 있다.

* 말띠 태생의 여자가 드세다는 것은 옛말이며 시대적 변천에 따라 활동적인 여성이 요구되는 시대이다.

사주에 午火가 있으면 말솜씨가 좋고 담백하고 신속한 결정을 내린다. 따라서 남들도 그렇게 해주기 바란다. 그러나 뜻대로 되지 않을 때에는 공격적이다. 변덕이 심한데 이는 양이였다 음으로 변하기 때문이고, 성격이 예민하고 깜짝 깜짝 놀라는 특징이 있다. 성격이 급하고 인내심이 약하다.

* 午火를 문명의 불(火)로 보고 인간의 정신문화(精神文化)와 교육, 문화, 언어, 문자, 예

의, 도덕(道德) 등으로 연결시켜 관찰도 하고있다.

10) 다른 오행과의 관계

午火는 火가 너무 왕할 때 木을 만나면 태워버리고(自焚), 金을 만나면 극하여 도구나 그릇을 만드나 지나치면 쓸모없게 만들 수도 있다.

未土를 만나면 火의 계절(5월과 6월)이 되고, 午未 육합(六合)이 되면서 火局(火의 세력이 된다)으로 변한다. 또한 未土와 戌土를 만나면 설기(洩氣 = 넘치는 기운을 다음 오행으로 보냄)가 되지 않고 합하여 火기가 더 강해진다. 寅木과 戌土를 만나면 寅午戌 삼합으로 火局이 된다. 子水를 만나면 子午충이되며 이때 午火가 왕하면 충이 더 강해지는 경우도 있다. 丑土나 辰土를 만나면 빛을 잃기 쉬운데, 丑土와는 원진살(怨嗔殺 = 서로미워하고 증오하다)과 육해(六害 = 서로 해코지를 한다)가 동시에 일어 날 수가 있다. 卯木을 만나면 파(破 = 六破 = 파괴하는 것. 子酉, 丑辰, 寅亥, 卯午, 巳申, 戌未)가 된다.

11) 인체 내의 장기

심장(心臟), 눈, 혀, 시력(視力), 정신, 신경(神經), 심포(心包), 몸속의 熱(에너지) 등이 해당된다.

## 바. 未土

### 1) 글자의 의미와 유래

未土라는 글자는 나무 木자 위에 一자를 넣어 未자를 만들고 나무로 올라가는 수분(水分=陽氣)을 더 올라가지 못하도록 차단하여 하강(下降)시키는 의미가 있다. 木이 겨울에 대비 얼지 않도록 준비 하는 것이다.

이는 음의 기운이 서서히 시작되어 만물의 성장이 중지되고 결실을 맺으며 나뭇잎은 단풍이 지는 현상이 일어난다는 의미가 있다. 또한 수분이 하강한다는 뜻으로 未土는 어두움이 덮인다. 즉 서서히 해가 짧아져 어두움이 지기 시작한다는 뜻이 있다.

### 2) 띠

양(羊)이다. 양은 순하고 여럿이 모여 살면서 싸우지 않고 서로 의존하여 산다. 또한 주인의 말을 잘 듣는다.

양자는 밑에 큰 대(大)자를 붙이면 아름다운 미(美)자가 되고, 기를 양(養)자도 되어  未土는 좋은 뜻을 가지고 있다.

### 3) 음양의 기운 구분

땅이 흡수한 열기가 올라와 더위의 느낌은 강하다. 이때 양의 기운은 음기와 함께 혼합되어 있는 바 이음(二陰)이 시작되는 때이다.

未土는 음土이나 왕(旺)土로서 조(燥)土이다. 여름철의 흙으로서 햇볕에 달구어져 있다. 음양의 구분은 4양2음(四陽二陰)으로 표시한다.


4) 시간성

오후 1:30~3:30 까지이며, 未時라고 한다.


5) 계절별 상황

未月은 소서(小暑 = 더위가 절정을 이루는 시기)의 계절로 만하(晩夏)이고, 양력 7월6일에서 8월5일까지 해당된다.

未月은 절후(節侯)가 소서와 대서(大暑)로 나뉜다. 과일이 뜨거운 땅의 열기를 받아 익어가는 계절이다. 한국의 과일이 서양 과일보다 맛이 있는 것은 땅의 열기를 많이 받기 때문이다.


6) 방향성

西 南쪽이다.


7) 소유하고 있는 지장간

未土 지장간은 천간의 丁火가 9일간, 천간 乙木이 3일간, 천간 己土를 18일간 각각 소유하고 있다.

未土는 천간 己土의 정신성과 운동성을 이어 받았고, 화초나 어린 나무가 심어져 있는 밭, 동산, 야산 등을 말한다. 未土는 巳午火를 申酉金으로 넘겨주는 연결 고리 역할을 하며 土중에 土라고 하여 인간과 밀접한 土로 보고 있다.

未土는 나무 창고다. 未月 다음에는 申酉戌月 인데 金의 기운이 강할 때이고 金이 오면 나무를 金剋木하여 상(傷)하게 하므로 잘 보관하여 봄철에 사용한다.

8) 물상

농토, 정원, 전원(田園), 전답(田畓), 잔디, 화초, 화분(花盆), 약초, 인삼, 석재(石材), 건축자재(建築資材) 등이다.

9) 소유하고 있는 기운과 능력

未土가 있으면 풍성함을 보여준다. 과일들이 익어가고 맛을 내는 시기이다. 그래서 未자 앞에 입구(口)자를 넣어 맛 미(味)자의 뜻을 가지고 있다. 女子 사주에 未土가 있으면 음식 솜씨가 좋다.

만물이 성숙해지고 결실의 과정이고 오곡백과(五穀百果)가 더욱 성숙되는 시기이다. 未月은 먹을 것을 가지고 있다는 뜻으로 먹는 것은 걱정 하지 않는 다는 의미가 있다.

양띠는 대체적으로 성격이 온화하고 동정심이 많으며 정직하고 고지식하다. 그래서 부자가 없다. 고집이 있고 다혈질이며 살기(殺氣)가 있다.(염소는 뒤에서 밀면 절대로 안가고 앞에서 끌면 간다) 잘 놀랜다. 성격은 양순하나 다른 사람을 잘 활용하는 능력이 있으며 정복력(征服力)도 있다. 그러나 너무 성급하게 명예와 재물을 취하려 하나 실력이 미치지 못해 허욕을 부리고 목적을 달성치 못하는 경우가 있다. 어릴 때부터 고향을 떠나 객지에서 자수성가(自手成家) 하는 경우가 많다.

양띠生은 子년이나 子월이 오면 타인의 일로 피해를 보는 경우도 있고 금전적으로 피해를 보아 가정불화가 발생 할 수 있다.

온순한 성격 때문에 복잡한 일에는 미리 포기 하는 습성이 있다. 未土의 기운은 子水인 경우에 土剋水를 할 수 있으나 土生金은 조토(燥土)이므로 어렵다. 또한 水기가 전혀 없어 만물이 자생하지 못하며 나무를 심었다면 고목(枯木) 이 될 가능성이 크다. 乙未 일 때는 묘(墓)로 본다. 火는 지장간에 丁火가 있어 약하나 未월이 삼복(三伏) 더위 시절이라 丙丁火가 함께 있어(着根) 土는 많은 열을 가지고 있다.

## 10) 다른 오행과의 관계

未土는 火기가 잠재(潛在) 되어 있어 子水를 보면 土剋水 작용이 강하게 일어나고 원진살과 육해살(六害殺 = 서로 해치는 것)이 되며 亥水를 만나면 옆이나 위에 木이 있으면 木으로 변질되어 亥卯未 삼합이 된다. 그러나 水는 싫어하므로 왕水인 亥水를 만나면 未土는 씻겨내려간다.

巳火와 午火를 만나면 방합(方合)으로 火와 土의 기운이 강해지고 水가 있어야 조절(調節)이 되며, 또한 조토(燥土)로 土生金능력이 약하다.

丑과는 상충이 되고, 戌과는 형이 되나 개고(開庫 = 창고가 열린다)가 된다. 寅木을 만나면 귀문관살(鬼門關殺 = 잡귀가 씌어 질병을 앓기 쉬운殺)이 된다.


11) 인체 내의 臟器

비(脾), 복(腹), 뇌(腦), 입(口), 입술, 잇몸, 복막(腹膜), 수족 (手足) 등이 해당된다.


**사. 申金**

1) 글자의 의미와 유래

申자는 口자에 十자를 써 넣은 형태로서 十자는 위와 아래로 통 할 수 있다는 뜻이 되고, 천지(天地)의 기운이 상통하달(上通下達) 하는 뜻을 가지고 있다.

申金은 신(神)자와 같은 맥락으로 보고 신의 작용과 신을 숭배 하는 특징을 갖고 있다. 또한 펼쳐진다는 신(伸)의 의미가 있으며, 이는 양의 기운이 굴(屈)하고 음의 기운이 펼쳐진다는 뜻이 있다.

도가(道家)에서는 庚申日이 오면 지상에 있는 모든 신이 하늘 로 올라가 보고(報告)하는 날로 알고, 밤을 새우며 정신수양(精神修養)을 하며 신의 기운을 받아 도인(道人)이 되기를 희망하고 있 다. 사주 庚申 일주(日柱)는 대체적으로 신앙생활을 열심히 한다.


2) 띠

원숭이다. 원숭이는 인간과 닮은 점이 많다고 한다.

다른 동물과 달리 교미도 1년 내내 하며, 생리(生理)도 28일 주기로 하고, 임신도 9~10개월 만에 새끼를 낳는다고 한다. 조직사회를 구성하고 있어 우두머리에게 복종을 하고, 음식은 어른이 먹은 후 아이들이 먹는 등 사람사회와 흡사하다고 한다. 코도 골고 기침과 딸꾹질도 한다.

### 3) 음양의 기운 구분

음의 힘(氣運)이 3으로 증가 하여 양의 기운을 굴복시켜 만물을 지배하는 환경이 시작된다.

火의 힘이 未월(7월) 내내 잠재(潛在) 된 것이 申월에는 응축(凝縮)되기 시작하여 더욱 단단해지기 시작한다. 음양의 구분은 3양3음(三陽三陰)으로 표시한다.

### 4) 시간성

오후 3:30~오후 5:30까지 이며, 申時 라고 한다. 퇴근을 앞두고 정리하는 시간이다.

### 5) 계절별 상황

申월(8월)은 월초(月初)에 입추가 시작되어 15일후 처서(處暑 = 더위가 물러가는 시기)가 지나면 더위의 힘이 꺾이며, 아침저녁에는 선선하다. 양력 8월 6~7일에서 9월 5~6일 까지 해당된다.

계절로서는 초추(初秋)가 된다. 그래서 서늘한 가을의 기운이 시작되면서 생물의 성장이 멈추고 쇠잔해지는 시기이며 과일이 익는 시기이다.

### 6) 방향성
西 南方이다.

### 7) 소유하고 있는 지장간
申金은 지장간은 천간 戊土가 7일간, 천간 壬水가 7일간, 천간 庚金이 16일간 각각 소유 한다.

천간 壬水가 사령(司令)하고 처서(處暑)가 지나면 천간 庚金이 사령함으로 金기가 점점 강해진다. 申金은 천간 庚金의 정신성과 운동성을 이어받아 양金, 강(剛)金, 사(死)金( = 아직 제련되지 않은 무쇠덩어리 원석을 말한다) 등을 말한다.

### 8) 물상
광석(鑛石), 원석, 철근, 파이프, 철강(鐵鋼), 차량(車輛), 기차, 전철, 대형차, 포크 레인, 불도저 등 중장비, 비행기, 금고, 은행, 화폐(貨幣) 등이 해당된다.

### 9) 소유하고 있는 기운과 능력
申金의 기운은 만물의 성장을 억제하고 가지고 있는 영양분을 수축하고 응축시켜 결실을 맺게 하는 힘을 가지고 있다. 이에 따라 강제성이 수반되며 숙살(肅殺)의 힘을 가지고 있어 살상(殺傷)과 억압으로 정화(淨化)내지 정비(整備)하는 힘을 가지고 있다.

재주가 많고 총명하다. 또한 용맹하고 부지런하다. 탁월한 재능과 임기응변을 잘하고 순발력과 분별력이 뛰어나는 등 재주가 많다(법조인, 군인, 경찰 세무공무원 등 권력형에 인물이 많다).

申金 사주는 항상 움직이고 이동할 가능성이 크다.

계산력과 수자(數字) 계념이 밝다.

申金은 거둘 수(收), 죽일 살(殺), 옳을 의(義), 가죽 혁(革=혁명의 뜻을 말함)의 4가지의 능력을 가지고 있다.

재주가 너무 뛰어나 분수에 넘치는 일을 하다 망치는 경우와 자기 꾀에 자기가 넘어가는 경우가 있다. 또한 부추기거나 자신에 도취되어 요행수를 바라다가 쫓기는 신세가 되기도 한다.


10) 다른 오행과의 관계

申金이 子水나 辰土를 만나면 申子辰 삼합이 된다. 그러나 子水만 만나면 水局으로 변하나, 辰土만 보면 水局으로 변하지 않고 辰土는 土生金을 해준다. 만약 辰土가 水局으로 변하려면 이웃에 亥水가 있거나 천간에 壬癸水가 투출(透出)되어 있으면 水局이 된다.

* 사주속에 항상 이웃을 살피는 것은 중요하다.

申金은 지장간에 壬水가 잠재(潛在)되어 있어 자동으로 설기(泄氣)와 조절이 이루어지며 金生水 생을 잘한다.

왕한 火와 만나도 극복할 수가 있는데 壬水가 있어 水剋火를 할 수 있기 때문이며 이때 火는 병(病)이 든다. 寅木과는 寅申 충과 형이 되며, 卯木과는 원진살이 된다. 申金이 巳火와 만나면 육합(六合)인데 합화(合化)하여 水가 되기 힘들다. 그러면 극합(剋合)이 아니면 형합(刑合)이다.

사주구성을 살펴 합화하여 金으로 보는 것이 일반적이다. 그이유는 申중 庚金과 巳중 庚金이 합하여 金이 되기 때문이다. 酉金과 戌土를 만나면 申酉戌 방합(方合 = 방위합)을 이루며 亥水와는 육해(六害 = 서로 해치는 것)가 된다.


11) 인체 내의 장기

대장(大腸), 폐(肺), 근골(筋骨), 배꼽, 골수(骨髓), 경락(經絡), 정맥(靜脈), 기침(또는 해수(咳嗽病)), 음성(音聲), 여드름, 주근깨, 피부병(皮膚病) 등이 해당된다.



아. 酉金
1) 글자의 의미와 유래

酉자의 자의(字意)는 술 주(酒)자에 근원을 두고 있다는 설과 먹는 감이 가지에 달려있는 모습을 연상(聯想) 하거나 구슬처럼 둥

글둥글하고 또는 술항아리를 형상화(形象化)시킨 글로 보고 있다. 달과 같이 빛을 반사하는 거울이나 모습도 酉金으로 보고 있다.

酉자가 들어간 발효(醱酵)는 호모균이 작용해서 유기화학물(有機化學物)이 화학적 변화를 일으켜서 알코올이 만들어지는데 여기서 酉자는 주(酒)자와 연관이 있다. 발효시킨다는 것은 숙성시키는 것으로 된장(醬), 간장에도 酉자가 들어 있음을 볼 수 있고, 먹는 유산균이 들어가야 발효가 된다.


## 2) 띠

닭이다. 닭은 사람과 가까이 하는 동물로서 닭의 "꼬끼요" 하는 소리는 새벽(여명 = 黎明)을 알려주는 동물이며 개명성(開明性) 동물이라고도 한다. 어둠에서 밝음이 오는 경계 선상에서 시간을 알려주고, 새벽을 알린다는 큰 의미를 갖고 있다. 이때 산에서 내려온 호랑이, 여우, 살쾡이, 등 야생동물들과 잡귀신들은 닭의 소리를 듣고 산으로 돌아간다. 수놈의 장닭은 "꼬끼요" 할 때 3번 정도 날개를 치고 동시에 꼬리를 흔들어 소리를 내는 것이 일반적이다.

수놈은 벼슬을 달고 꼬리가 길며 화려하다.

옛날에는 닭을 귀신 쫓는 동물로서 재물로 바치기도 하였고, 귀한 사위가 오거나 소중한 손님이 방문하면 씨암탉을 잡아 대접을 했다.

3) 음양의 기운 구분

음기가 양기를 눌러 선선한 기온이 점차적으로 확대되고 한편 나무의 水氣는 모두 뿌리로 내려가 나뭇잎에 단풍이 들기 시작한다. 음양의 구분은 2양4음(二陽四陰)으로 표시 한다.

4) 시간성

오후 5:30~오후 7:30까지 이며, 酉時라고 한다. 해가 질 시간이다. 닭이 잠 자기위해 회(긴 장대나무로 닭이 올라 가 잘 수 있도록 고정시킨 것)에 올라가는 시간이다.

하루의 일을 끝내는 시간으로 일터에서는 결재를 하고, 사업장에는 마무리를 하는 시간이다.

5) 계절별 상황

酉月(9월)은 가을이 무르익는 달로서 백로(白露 = 하얀 이슬이 맺힌다는 의미로서 24절기의 하나)가 초순에 들어오며 모든 과일들이 다 익어가고 나무에 달린 열매와 잎이 떨어지는(分離) 계절이다.

과일이 익어서 단단해지고 따다가 판매하거나 보관(保管)을 하는 계절이다. 양력으로 대략 9월7일에서 10월6일까지 해당 되는데 이 기간을 중추(仲秋=한 가을) 계절이라고 한다. 酉월에는 음기가 더욱 성해지고 양기는 쇠퇴하여 생물도 노쇠해진다.

6) 방향성

正 西이다.


7) 소유하고 있는 지장간(地藏干)

酉金의 지장간은 천간 庚金이 10일간, 천간 辛金이 20일간을 각각 소유한다. 초순에는 申月에 여기(餘期 = 지난달 기간)인 庚金이 10일간 사령하고, 중순이 지나면서 辛金의 기운이 왕성히 진행된다. 그래서 酉金은 辛金의 단단하고, 정확하고, 빈틈없고, 예리한 기운을 받아 金의 기운만 갖고 있는 것이 특징이다.


8) 물상

보석 종류인 금, 은, 다이아몬드 등 귀금석 일체(一切), 산업용인 여러 종류의 정밀금속(精密金屬), 종교분야에서 사용하는 종(鐘), 촛대와 현금, 화폐, 세금, 패물(貝物), 은장도, 칼, 창, 무기 등이다.


9) 소유하고 있는 기운과 능력

酉金의 기운은 단단하고 뭉쳐있어 다이아몬드나 보석으로 비유한다. 성격은 항상 깔끔하고 매사에 정확하며 남을 위해 헌신할 줄 안다. 지지에 酉金이 있으면 보석을 가지고 있다는 것이 되므로 평생 재물을 만져본다는 뜻이 된다.

닭은 3가지 덕을 가진 길조(吉鳥)로 평가 하고 있다.

첫째는 문(文)과 무(武)를 갖추었다 보고, 닭의 벼슬을 문으로, 두 번째 발톱 2개는 싸울 때 상대에게 공격적이고 용감하여 무로 본다. 세째는 혼자서 먹지 않고 "꾸꾸" 하고 동료를 불러서 함께 먹는다. 그래서 결혼식과 귀한 손님상(床)에는 닭이 꼭 올라가는데 이는 위와 같은 뜻이 담겨져 있기 때문이다.

酉金이 있으면 어디를 가든 신용이 있으며 반듯하고 야무진 사람이라고 평가받고, 자신의 태도(예스 또는 노)를 분명히 한다. 또한 닭의 "꼬꼬"는 계명성(鷄鳴聲)이라고 하여 사람을 정신적으로 일깨워 주는 역할을 하며 헌신적이고 봉사하는 자세를 가지고 있다.

단점은 닭이 먹이를 파헤치듯 재물을 잘 못 모을 수도 있으며, 남의 행적을 들추어 허물을 파헤치는 경향이 있어 구설수에 오르기 쉽고, 또 깔끔하고 정확한 것이 오히려 구설수가 되는 것이 흠이다.


10) 다른 오행과의 관계

酉金은 金의 왕지(旺地)로 순수한 金의 기운이 뭉친 것으로 숙살지기(肅殺之氣 = 죽이는 기운, 금을 달리 부르는 말)로 木을 극한다. 酉金은 金生水 역할이 약하며 酉월에 巳火나 丑土, 辰土를 만나면 합하여 金의 기운이 강해진다.


11) 인체 내의 장기

폐(肺), 비(鼻), 혈관, 구(口), 피모(皮毛), 정혈(精血), 음성(音聲), 월경 등이 해당 된다.

## 자. 戌土

### 1) 글자의 의미와 유래

戌字는 戊土 안에 점을 찍은 것으로 이는 화로(火爐)에 묻어둔 불씨의 모습으로 비유하고 있다.

戌월 다음에는 亥子丑(11월,12월,1월)의 겨울이 오고 水의 기운이 오므로 불이 꺼지는 것을 막기 위해 戌土 속에 보관한다는 의미가있다. 그래서 戌土를 불(丁火)의 창고라고 한다.

### 2) 띠

개 이다. 개는 인간과 가장 가까운 동물이다. 그 이유는 사람의 말을 알아듣고 복종 할 줄 알고, 인명을 구조하고, 맹인의 길을 안내하며 밀수를 탐지하는 등 그 역할이 다양한 데서 비롯된다.

개는 눈, 귀, 코의 성능이 사람보다 몇 배나 월등하며 또한 영물(靈物)로서 귀신을 쫓고 제압하는데, 백구라는 하얀 개는 귀신 쫓는 개로 알려져 있다.

이승에서 저승으로 연결해주는 동물로 보고 있어 주인이 아프면 개도 힘이 없고 주인의 죽음을 예견하고 자기가 미리 죽는 경우도 있다고 한다.(주인과 개와의 아름다운 이야기는 많은 책자

에 소개되고 있다)

개의 나이가 11년이 되면 사람 나이 60이 넘는 것과 같아 인명구조 등 모든 활동에서 은퇴를 한다고 한다.

### 3) 음양의 기운 구분

음기가 대기에 차 있어 양기가 숨어들고 만물이 본래의 모습으로 돌아가려는 시기이다. 또한 戌土는 흩어져 있는 양기를 모아서 저장(貯藏)하고 보호하여 승계(承繼)하는 역할을 담당하고 있다.

음양의 구분은 1양5음(一陽五陰)으로 표시한다.

### 4) 시간성

저녁 7:30~저녁 9:30 까지 이며, 戌時라고 한다.

퇴근하여 집에서 씻고 쉬는 시간이다. 아니면 퇴근 길목에서 동료들과 술을 마시고 대화를 하는 시간이다.

### 5) 계절별 상황

戌월은 월초에 한로(寒露 = 찬 이슬이 내린다는 뜻 24절기의 하나)가 시작되고 15일후는 상강(霜降 = 서리가 내린다는 뜻 24절기의 하나)의 절기로서 만추(晚秋)에 해당 되며 양력10월6일부터 11월5일 까지 이고, 마지막 가을에서 겨울로 넘어가는 길목이다.

戌월은 늦가을 이라 찬이슬이 내려 생물이 모두 쇠잔(衰殘)해지며 농촌에서는 모든 곡식을 걷어드리고 상강이 지나면 대기는 더욱 차지고 초목이 누렇게 변하고 벌레들도 모두 땅속으로 들어가는 시기이다.

### 6) 방향성

서북 방향이다.

### 7) 소유하고 있는 지장간

戊土의 지장간은 천간 辛金이 9일간, 천간 丁火가 3일간, 천간 戊土가 18일간 각각 소유한다.

상강이 지나면 戊土의 기운이 왕성해지며 土는 金을 생하고 이어 金은 水로 변화시키는 작용을 한다.

### 8) 물상

화로(火爐), 보온병(保溫甁), 컴퓨터, 전자계산기, 각종 전자기계, 체온기(體溫器), 진공관, 도자기, 골동품 등이고, 제방(堤防), 안(岸), 강토(疆土), 왕토(旺土), 사토(死土), 산악지대, 기암절벽, 고산준령(高山峻嶺), 성곽(城郭), 채석장(採石場) 등이 해당된다.

### 9) 소유하고 있는 기운과 능력

戊土는 丁火를 가지고 있는데 火는 인간의 정신과 두뇌(頭腦)에 해당되며 여기서 학문, 교육, 창작, 예술 등의 기운이 있다. 솔직하고 강직하며 순발력이 뛰어나고 정열적이다.(풍산개는 호랑이도 잡는다) 대외 활동을 좋아하며 남의 일은 적극적으로 도와준다.

존경하는 인물이나 주인에게는 목숨을 바쳐 의리와 충성을 다하고 배반하지 않는다. 개는 귀소(歸巢)본능이 있듯이 가출을 하여도 돌아오고 가정을 지킨다.

단점은 고집이 세고 자기 본위적(本位的)이어서 불화를 일으킬 소지가 크며 이중적인 성격도 가지고 있다.(바람을 피우며 이중생활을 한다)

일반적으로 개의 장점이 큼에도 불구 "개 새끼" 하고 천(賤)하게 보는 것은 개는 자식 부모를 가리지 않고 성 관계를 하는 등 패륜적 행위를 하기 때문이다.

개의 특징을 보면,

개는 의리를 지키고 배신을 하지 않는다.

주인이 귀여워 해주는 만큼 잘 따르고 함께 있는 가족도 다 기억을 한다.

개는 용맹하여 사람을 구하기도 하고 집을 잘 지킨다.

개는 후각, 귀, 눈의 기능이 사람보다 탁월하고 귀소본능이 있다.


10) 다른 오행과의 관계

戌土는 午火를 보면 火로 변하기 쉬우며, 水를 보면 土剋水 작용이 크다. 木을 만나면 극을 받아 무너지기 쉬운土 이다. 그러나 卯木을 만나면 합을 이루어 도화지합(桃花之合 = 애정합)이라고 한다.

酉金을 만나면 해가 되고, 丑 또는 未를 만나면 개고(開庫=창고 문이 열린다)는 되나 형이된다. 巳火를 만나면 원진(元嗔=서로 미 워하고 증오하는 것)이 된다.


11) 인체 내의 장기

위(胃), 두뇌, 가슴, 갈비, 명문(命門), 항문(肛門), 대변, 넓 적다리(퇴 = 腿) 등이 해당된다.


### 차. 亥水

1) 글자의 의미와 유래

核의 글자에서 나온 것으로 핵(核)의 의미는 사물이나 활동의 중심이 되는 것이며 생물세포(生物細胞)의 중심에 있는 둥근 물체 라고 되어있다.

亥水는 사람과 모든 생물체가 생존하는데 가장 핵심이 된다 는 의미에서 출발 하고 생명의 뿌리가 되며 子水로 이어 주는 역 할을 한다.


2) 띠

돼지이다. 亥자가 시(豕 = 돝시)로, 돈(豚 = 돼지 돈)으로 또 가정(家庭)할 때 家자에 豕자가 들어간 것은 옛날 집에 돼지를 키 우고 생활을 함께 하였다는 뜻이며 이는 뱀을 잡기 위한 것이라고 한다.

돼지는 복과 다산을 상징(象徵)하며 돼지가 "도야지다" 즉 "잘 되어 지다"의 준 말이다. 돼지는 다른 동물과는 달리 재물과 연결시켜 "金 돼지" "福 돼지"라고 칭하기도 한다. 또한 고사를 지낼 땐 돼지머리를 사용하는데 웃고 있는 모습이 특징이다.

### 3) 음양의 기운 구분

亥月은 음이 극성하고 서리와 눈이 오기 시작하고 한랭(寒冷)한 기후로 변하기 시작한다. 이때 양기는 안에 감추어져 있다. 음양의 구분은 6음(六陰)으로 표시한다.

### 4) 시간성

밤 9:30~밤 11:30까지 이며, 亥時라고 한다. 활동을 멈추고 쉬는 시간 또는 학생들은 공부하고, 연구소 직원 등은 연구하고 이어 잠을 자는 시간 이다.

### 5) 계절별 상황

亥月(11월)은 월초에 입동(立冬)이 들어와 겨울이 시작 되는 시기이며 水의 기운이 강해진다. 양력11월 7일부터 12월 6일까지이고, 11월 중순(20일~23일 사이)소설(小雪)이 지나면 대기는 한랭(寒冷)한 계절이다.

亥月은 추수를 해서 창고에 저장 시키고 만물을 걷어 들이는 시기이며 과일은 떨어져 땅속으로 들어가 씨앗을 만드는 시기이다.


6) 방향성

서북 방향이다.


7) 소유하고 있는 지장간

亥水의 지장간은 천간 戊土가 7일간, 천간 甲木이 7일간, 천간 壬水가 16일간 각각 소유한다.

11월 중순이 지나면 壬水인 水氣가 만연하고 대기가 차(寒冷)서 눈(小雪)이 오기 시작한다.


8) 물상

호수, 강물, 바다(海水), 염류(鹽類), 음료수, 어류, 해초류, 패류(貝類) 등이 해당된다.


9) 소유하고 있는 기운과 능력

亥水는 큰물로서 호수, 강, 바다의 개념을 가지고 있고, 인체 내에서 몸에 흐르는 혈액이므로 충이나 극을 받게 되면 고혈압이나 당뇨 등 질병이 발생 할 수도 있다.

亥水인 바다는 지구 표면의 70%를 차지하여 지구는 음체(陰體)이고, 태양은 양체(陽體)이다. 사람 몸에도 70%가 수분이고 오장육부(五臟六腑)가 있듯이 지구도 오대양 육대주가 있어 우연의 일치라고 보기는 어렵다.

사주에 亥水가 있으면 밤에 조용히 연구 활동이나 종교 활동을 하는 사람이 많으며 亥水를 하늘의 문(天門)이라고 하여 亥水를 가지고 있는 사람은 하늘과 잘 통한다는 설도 있다.

亥水는 큰물이므로 배, 선박 등을 이용한 교통수단으로 활용할 수 있어 역마운(驛馬運)을 가지고 있고 외국과 인연이 있는 것으로 보고 있다.

계절적으로 추수를 하여 창고에 저장 하는 시기 이므로 사주에 亥水가 있으면 곡식(穀食)이 곡간에 재여 있다고 볼 수 있다. 또한 돼지는 다산을 상징하여 번창(繁昌)의 의미가 있고 "잘 되어 지다"의 의미도 있어 희망적 이라고 볼 수 있다. 그러나 쌓아 놓은 곡식을 지키고 욕심만 부릴 때는 뺏으려는 사람과 칼부림도 일어날수 있어 재산 분배나 배려 차원에서 계획을 세워야한다.

돼지는 변보는 곳과 먹는 장소는 구별하나 대체적으로 지저분하다. 亥時는 한밤중이므로 부끄러운 과거가 있거나 숨기는 것이 있으며 그래서 잠잘 때는 이불을 뒤집어쓴다.

직업은 한밤중에 하는 일 또는 사업으로 소아과 의사, 산부인과 의사, PC방 운영, 연구소 직원 등을 들 수 있겠고 직업을 미국이나 유럽 등에서 활동할 수 있겠다.

돼지는 음기(水氣)가 가장 강한 동물로서 돼지고기를 먹으려면 오래 삶아서 익혀 먹어야 한다. 반대로 양의 체질인 닭은 빨리 익고 물기가 적다.

\* 독일 주방기구 회사인 휘슬러(Fissler)는 유럽인의 기호식품인 돼지고기를 잘 삶는 압력솥을 개발 하였는데 한국에서는 이 솥으로 밥을 짓는데 사용하고 있다.


돼지의 "꿀꿀" 하는 소리는 울타리를 넘지 못하는데 그 이유는 땅을 향해서 소리를 내기 때문이며 꼬리는 뭉쳐있고 땅을 잘 파는 등 음기를 향하는 습성이 있다.


10) 다른 오행과의 관계

亥水는 甲木의 생지(生地)가 되어 子水보다 활발하게 움직이며 水生木 작용이 강하고 木이 있어야 잘 흐른다.

亥水는 寅木이나 卯木을 만나면 본성(本性)을 버리고 木기운으로 변한다.(또한 섬유질인 포목(布木)이나 종이를 생산한다)

巳火를 만나면 충이 되어 불을 꺼트리나 丁火의 화광(火光)은 좋아한다. 申金을 만나면 해가 되고 金을 보면 설기(泄氣 = 기운이 다음 오행으로 넘어가는 것)를 시켜 쇠약하게 만든다. 酉金을 만나면 亥水가 지향하는 木의 활동을 방해한다.(그러나 亥水 + 酉金은 주류(酒類)나 장류(醬類)를 만든다)

土(戊土, 戌土)를 만나면 土가 강이나 바닷물을 막아서 담수(淡水)가 되어 壬水로 변화시킨다. 辰土를 만나면 원진(元嗔 = 서로 증오하는 것)이 일어난다. 亥를 거듭 만나면 자형(自刑 = 스스로 刑하는 것)이 발생한다.

11) 인체 내의 장기(臟器)

혈액, 생식기(生殖器), 고환(睾丸), 월경, 자궁(子宮), 장단지, 대소변 등이 해당된다.


## 카. 子水

### 1) 글자의 의미와 유래

子水의 子자는 잉태(孕胎)할 때 子자가 들어가 아이를 잉태하였다는 것으로 인간의 새로운 출발을 의미하며 "처음 시작하다"의 의미가 있다. 우주가 창조할 때 물이 제일 먼저 생겼고, 지구의 본체(本體)는 물이다.

子자는 양기가 싹트는 것을 나타내고 정자(精子), 난자(卵子), 씨앗과 종자(種子), 원자(原子), 전자(電子), 양자(陽子) 등에서 子자를 사용하는 것과 같이 모든 생명과 물질의 근원(根源)이 되고 또한 시초를 의미하는 데서 유래되었고, 그래서 子水는 12지지에서 처음으로 놓고 있다.


### 2) 띠

쥐이다. 쥐는 다닐 때 직선으로 가지 않고 항상 불안한 자세로 다닌다. 밤에 주로 활동하고 이(齒)로 갈아 모아서 저장(貯藏)만하고 남에게는 인색하다.

3) 음양의 기운 구분

음기가 대기(大氣)에 가득 차 있을 때(極陰之氣) 양의 기운이 서서히 움트기 시작한다. 6음(六陰)이 끝나고 일양(一陽)이 출발하는 때이다. 음양의 구분은 5음1양(五陰一陽)으로 표현한다.

4) 시간성

밤 11:30~새벽 1:30까지 이며 子時라고 한다. 연구직, 유흥직 등 주로 밤에 활동하는 사람들과 기도(祈禱)하는 사람도 이 시간에 활동하는데 하늘의 기운이 열리는 시간이기 때문이다.

子時는 하늘의 기운이 움직이는 시간이다.(돌아가신 조상의 제사를 子時인 밤 12시에 지내는 관습도 여기에 있다)

* 땅의 기운이 움직이는 시간은 丑時(새벽 1:30~3:30)이고, 사람의 기운이 움직이는 시간은 寅時(새벽 3:30~5:30)이다.(스님이나 신부들은 새벽 3~4시 사이에 일어나 기도가 시작 된다)

5) 계절별 상황

子月은 12월초에 대설(大雪)의 절입일(節入日)로 시작하는데 대략 12月7日부터 1月5日까지이다. 동지(冬至, 대략 22日전후)가 지나고 10日후에 양의 기운이(1陽) 서서히 시작된다.

子월은 겨울의 중심이고 만물이 휴식기에 들어가 기운이 안으로 뭉치고 응축(凝縮)되는 시기이다. 또한 양의 기운이 서서히 시작 되면서 땅속에 숨어있던 씨앗이 번식(繁殖)할 수 있는 계기(契機)

를 마련하고 있는 계절이다.


6) 방향성

정북 쪽이다.


7) 소유하고 있는 지장간

子水의 지장간은 천간 壬水가 10일간, 천간 癸水가 20일간 각각 소유한다.

子水는 癸水가 3분지2를 차지하고 있어 癸水의 운동성과 정신성을 가지고 있으며, 子水는 왕지( = 子,午,卯,酉)로서 자기주장이 강하고 정통파, 순종파라고 하여 왕자(또는 공주)의식을 갖고 있다.


8) 물상

정자(精子), 난자(卵子), 종자(種子), 원자(原子), 액체(液體), 물(일상생활에서 필요한), 음료수, 샘물, 우로(雨露), 주류(酒類), 장류(醬類), 유류(油類), 염료, 미생물, 어류(魚類), 해초(海草), 상하수도, 농업용수 등이 해당된다.


9) 소유하고 있는 기운과 능력

子水를 가지고 있는 사람은 겨울이며 한 밤중이므로 냉정하고 냉혹한 면이 있다. 분위기가 썰렁하다. 밤의 활동을 좋아하나 활동 폭은 좁다. 연구 활동에 종사하는 사람 중에는 손의 감각이 발달하여 고도의 기술자도 있다. 子시에 기도에 전념하는 사람은 이 분야에 두각을 나타 낼 수도 있다.

이 밖에 조용하고 비밀스러운 직업, 밤에 하는 경비직업, 유흥업, 사기꾼, 도둑놈 등이 해당된다.

子水가 있는 사람은 집념이 강하고 숨은 끼가 있다. 그러나 한 밤중이기 때문에 세상물정(世上物情)을 모른다. 이성에 일찍 눈을 뜨고 번식력(繁殖力)이 강하다. 색욕(色慾)과 유흥을 즐겨한다.

밤이므로 비밀과 숨길 일을 가지고 있고, 체격은 왜소한 편이다. 저축성은 강하나 남에게는 인색하다. 민감하고 예민하며 의심이 많고 놀래기를 잘하여 심장이 약하고 식성이 까다롭다.


10) 다른 오행과의 관계

子水는 亥水와 달리 찬(寒冷)물이고 응축된 물로 水生木의 작용은 약하다. 그러나 火를 만나면 水剋火의 작용은 강하다. 午火를 만나면 충이 일어나고 巳火를 마나면 子水의 얼거나 찬 기운을 녹여서 흐르게 한다.

子月에 辰土나 丑土를 보면 土剋水의 작용 보다는 水氣가 더 강해지는데 辰土와 丑土 지장간에 水氣 때문이다. 또한 申金을 만나도 水氣가 강해지는데 이는 申金 지장간에 水氣가 내장되어 있기 때문이다.

子水는 申金과 辰土를 만나면 삼합이 되며 水局이 된다. 亥水를 만나면 방합(方合＝방향 합)을 만들어 강이나 바다로 변하고 파도가 일어난다.


11) 인체 내의 장기

신장, 방광, 생식기인 고환, 음부, 요로, 정자, 난자, 자궁, 월경과 귀, 허리, 갑상선 등에 해당한다.



## 타. 丑土

1) 글자의 의미와 유래

유(紐)자에서 나온 것으로 연결시키고 묶여 있는 상태의 의미로 子월인 겨울계절에서 寅月인 봄의 계절로 연결 시켜주는 의미가 있다.(紐자는 묶는다, 유대(紐帶)를 갖는다의 뜻이 있다) 또한, 씨앗이나 종자가 자랄 수 있도록 잘 감싸주어 봄이 되면 지상으로 싹이 터 나올 수 있도록 연결 고리 역할을 한다는 의미가 있다.

지기(地氣)가 열리는 시기이다.( = 子水는 하늘의 기운이 열리고, 寅木은 사람의 기운이 열리는 시기이다)


2) 띠

소다. 소의 성질은 온순하고 과묵하다. 일 할 때는 근면하고 성실하며 끈기가 있다. 대가를 받지 않고 일을 하고, 죽어서는 인간에게 고기를 제공한다. 인간에게 가장 이로운 동물이다.

인간은 소가 목을 들지 못하게 멍에를 지게하여 꼼짝 못하고 땅만 보고 걷도록 한다.


### 3) 음양의 기운 구분

음기가 왕성한 시기로 양기가 밖으로 나오지는 않으나 내부에서는 양기가 활발하게 움직이고 있다. 음양의 구분은 4음2양(四陰二陽)으로 표현한다.


### 4) 시간성

새벽 01:30~03:30까지 이며 丑時라고 한다. 한밤중으로 잠자고 쉬는 시간이고 땅의 기운이 깨는(열리는)시간이다.


### 5) 계절별 상황

丑월은 월초에 소한(小寒 = 조금 춥다고 하나 이어오는 大寒보다 더 추운 것이 일반적이다)으로 시작되며 양력으로 대략 1월6일부터 2월5일 까지이다.

子월(12月)의 한기의 연속으로 체감온도는 가장 추운 시기이다. 땅속의 씨앗은 땅 표면이 얼어있고 땅속은 뜨거운 기운이 있어 압축을 받게 되면 반발력으로 발아(發芽)의 힘이 길러지는 기간이다.


### 6) 방향성

북 동향이다.

7) 소유하고 있는 지장간

丑土의 지장간은 천간 癸水가 9일간, 천간 辛金이 3일간, 천간 己土가 18일간을 각각 소유한다.

丑土는 천간 己土의 정신성과 운동성을 이어 받았는데 土로서 동토(凍土) 이긴 하나 이양(二陽)의 더운 기운이 땅속에서 시작되어 조후(調候 = 기후가 춥거나 덥지 않은 것)가 되면 씨앗 등 만물이 생하게 된다.(겨울에 보리가 자라는 이유를 알 수 있다) 이때 丑土는 만물의 순환운동을 유지해주는 중심 역할을 담당하게 된다.

丑土는 金을 저장 하는 창고이다. 대한(大寒 : 1월20일경)이 지나면 金과土가 강해지고 양의 기운이 땅속에서 성장하면 水의 기운을 木으로 변화시켜주는 역할을 한다.


8) 물상

석탄, 금은(金銀), 금고(金庫), 재화(財貨), 증권, 무기, 문화재, 기계류(機械類), 약물, 독약(毒藥), 커피원료 등이 해당된다.


9) 소유하고 있는 기운과 능력

丑土를 가지고 있는 사람은 온순하고 근면, 성실하다. 과묵하고 우직한 면이 있어 하극상 기질이 있다. 그러나 내면적으로는 양성적(陽性的)인 기질이 있어 일을 할 때는 야무지고 표 나지 않게 처리 하는 능력이 있다.

연결 고리 역할인 결합과 화합을 시켜주며 1년 중 마지막 달

(석달 그믐)이므로 마무리하고 정리하는 능력을 가지고 있다.

도인적(道人的)인 성품을 가지고 있고, 고행을 잘 참아낸다. 완고하고 고집이 있어 자신의 생활 습관을 잘 바꾸지 않는다.

소는 되새김질을 하므로 권토중래(捲土重來=실패한 뒤에 힘을 키워 다시 도전하는 것)하는 기운이 있어 다시 도전하거나, 남에게 앙심을 품는 경우도 있다. 반대로 자기가 원한을 살 수도 있다. 멍에를 쓰고 있어 압박감을 갖거나 속박된 생활을 하는 등 어려움이 뒤 따른다.

丑 대운에서는 丑이 겨울이고 한밤중 이므로 빙판에 낙상 사고와 안전사고, 허리 병, 화재, 도난, 관재(官災)수 등을 조심해야 한다. 이시기에 사업은 피하는 것이 좋은데 특히 사업이 망하면 회복이 불가능하다.

소는 주인에게 복종하고 시키는 일을 하는 등 리더가 이끌어 가는 것과 같이 丑土는 왕지인 子, 午, 卯, 酉가 리더가 된다.

丑土는 癸水가 내장되어 있어 축축한 땅이고, 辰土도 癸水가 내장되어 있는데 진흙땅이다 – 辰土는 물의 창고이다.


10) 다른 오행과의 관계

丑土의 다른 오행과의 관계 중 장점은 土生金의 역할이 뛰어나다는 것이며, 이때의 金은 금고나 화폐(貨幣), 재화(財貨)를 의미하며, 전쟁에 필요한 무기 저장 창고로도 보고 있다.

丑土는 얼어 있는 땅이므로 水를 만나면 더 얼어서 응축(凝

縮)이 되고, 子水를 보면 子丑합이 되어 水의 기운으로 변하기 쉬우나 여기서 조심해야 할 것은 丑月에 己土가 사령하면 土剋水의 작용도 발생하니 잘 살펴야 한다.

丑土가 火를 만나면 火를 설기(泄氣＝기운이 다음 오행으로 넘어가는 것)시켜 火의 기능을 상실케 한다.

未土를 보면 丑未충으로 丑土의 북방과 未土의 남방과의 싸움으로 丑중 癸水와 未중 丁火간 충돌이며, 丑중 辛金과 未중 乙木의 싸움은 영향이 적다.


11) 인체 내의 장기

비장(脾臟), 췌장(膵臟), 맹장(盲腸), 횡경막(橫經膜), 복(腹), 입(口), 근육(筋肉), 양수(兩手) 등이 해당된다.

# 8장

# 지장간(地藏干)의 의의

1. 지장간의 의미

2. 지장간은 어떻게 배치되어 있나?

3. 지장간의 배치와 머문 일자표

4. 12지지의 특성 소개

# 8장. 지장간(地藏干)의 의의

앞장에서 지지의 기운과 능력을 설명하면서 "소유하고 있는 지장간"을 소개한 바 있지만 그 내용 가지고는 설명이 부족하므로 이 장에서는 지장간의 의의와 그 역할은 무엇인가에 관해 자세히 공부해 보고자 한다.

또한 사주를 통변(通辯 = 해석)할 때는 지장간의 움직임을 잘 파악해야 훌륭한 통변이 가능하다.

## 1. 지장간의 의미

지지는 천간의 기운을 받아 간직한 것이며, 지장간은 지지 속에 들어있는 천간을 말한다.

지장간의 장(藏)자는 감출 장, 보관할 장, 저장할 장의 뜻으로 "땅 속에 천간을 보관해 놓았다." 라는 의미가 된다. 그러므로 12개의 지지 속에는 다 천간을 저장하고 있는 것이다.

땅속을 들여다보면 木에 해당하는 나무뿌리를 비롯하여 각종 식물의 씨앗이 저장되어 있고, 火에 해당하는 물질은 석탄, 석유, 가스, 셀 등이 매장되어 있다. 金에 해당하는 물질은 금, 은, 다이아몬드 등 각종 보석류와 철, 구리, 텅스텐(Tungsten) 등 광맥이 매장되어 있으며, 水에 해당하는 것은 지하수가 흐르고 있다.

상기와 같이 땅속에는 천간 오행에 해당하는 甲乙, 丙丁, 戊己, 庚辛, 壬癸를 보관하고 있는데 이를 지장간이라고 한다.


## 2. 지장간은 어떻게 배치되어 있나?

지지 속에 천간(地藏干)은 사계절인 봄, 여름, 가을, 겨울의 순환 과정에서 발생한 절기를 한 달(月)을 3등분하여 초기(初氣), 중기(中氣), 말기(末氣)로 나누었고 천간이 머무는 일자를 한 달(30일)에 맞추어 배치해 놓았다.(참조 : 지장간의 배치와 머문 일자 표)

초기는 그 달의 시작을 의미하나 전달(前月)의 기운이 계속되므로 여기(餘氣)라는 용어로도 사용한다. 중기는 한 달 중 중순의 기후(氣候 또는 節氣)를 말하며, 말기는 그 달의 마지막 기후를 말 하는데 정기(正氣 또는 本氣)라는 용어도 함께 사용한다.

예로서 6월에 3사람이 태어났는데 그 중 1명은 6월 초에, 또 1명은 6월 중순에, 나머지 1명은 6월 말에 각기 태어났다고 한다면 같은 6월 태생이지만 그 기운과 능력은 전혀 다를수가 있다.

우리가 자주 사용하는 기후의 절기를 표시하는 입춘(立春 = 봄이 시작된다는 절기), 경칩(驚蟄 = 날씨가 따뜻하여 초목의 싹이 올라오고 동물이 땅속에서 깨어나는 절기), 청명(淸明 = 따뜻하고 화사한 봄 날씨) 등은 24절기를 지칭하는 용어로써, 이 24절기는 당시 천체 물리학자이고 기후 환경학자들이 지구가 자전하면서 발생하는 4계절의 변화를 관측하고 또 분석해서 그 성격을 집약하여 표현한 아주 훌륭한 용어이다.

이어서 지장간의 배치와 머문 날자(일자)표를 소개한다.

## 3. 지장간의 배치와 머문 일자 표

| 地支 | 子 | 丑 | 寅 | 卯 | 辰 | 巳 | 午 | 未 | 申 | 酉 | 戌 | 亥 |
|---|---|---|---|---|---|---|---|---|---|---|---|---|
| 初氣 | 壬 | 癸 | 戊 | 甲 | 乙 | 戊 | 丙 | 丁 | 戊 | 庚 | 辛 | 戊 |
| 머문日字 | 10 | 9 | 7 | 10 | 9 | 7 | 10 | 9 | 7 | 10 | 9 | 7 |
| 中氣 | | 辛 | 丙 | | 癸 | 庚 | 己 | 乙 | 壬 | | 丁 | 甲 |
| 머문日字 | | 3 | 7 | | 3 | 7 | 10 | 3 | 7 | | 3 | 7 |
| 末氣 | 癸 | 己 | 甲 | 乙 | 戊 | 丙 | 丁 | 己 | 庚 | 辛 | 戊 | 壬 |
| 머문日字 | 20 | 18 | 16 | 20 | 18 | 16 | 10 | 18 | 16 | 20 | 18 | 16 |

가. 지장간 배치와 역할(役割)

위 표를 보면 계절별로 천간의 기운을 초기, 중기, 말기로 3등분하여 배정하였고, 천간이 머무는 일자를 보면 일정하지 않고 전부 다르다는 것을 알 수 있다.

예로서 子월 속에 천간은 초기에 壬水가 10일 동안 머물고, 癸水는 중기부터 말기까지 20일 동안 머물며 활동하고 있다. 寅月 속에 천간은 초기에 戊土가 7일 동안, 중기에 丙火가 7일 동안, 말기에 甲木이 16일 동안 활동한다는 뜻이다.

상기와 같이 천간이 머무르는 일자가 다른 것은 계절 변화와 기후 환경에 따라 일자 수(數)가 달라지기 때문이다.

174

천간이 머무르고 활동하는 용어를 사령(또는 當令)이란 단어를 사용하는데, 그 기간 동안 지휘와 명령권을 갖고 지배하고 활동한다는 뜻이다.

앞의 예에서 寅월 이면 초기는 절입(節入)이 들어오는 입춘일부터 시작 戊土 기운이 7일간 사령권을 행사하며, 이어 중기는 丙火 기운이 7일간, 다음 말기는 甲木 기운이 16일간 각각 사령권을 행사하게 된다.

사주는 외부적으로 드러난 것은 누구나 알 수 있으나 땅 속에서 벌어지고 있는 일은 알 수가 없는 것이다. 그래서 지장간의 동향을 알아내는 일은 훌륭한 통변으로 연결되는 것이다.(쪽 집게로 뽑아내듯이 통변한다고 말한다) 특히 은밀한 일이 진행되고 있음을 알아내는 암합(暗合= 몰래하는 야합행위)의 활동이나 숨겨진 재산이나 애인을 찾아내는 일 등을 알아 낼 수 있다.

그러므로 지장간은 꼭 외어 두어야 잘 활용할 수 있다.

나. 지장간 구성에서 살필 점

지장간의 움직임을 좀 더 살피면 그달(月) 말기의 오행이 다음 달(月) 초기의 오행과 거의 일치하고 있다. 그래서 초기를 전달에서 넘어온 기운이라 하여 여기(餘氣)란 용어와 함께 사용한다.

예로서 子水월의 말기에 癸水는 丑土월의 초기로 넘어가 癸水가 되며, 기타 월의 경우도 같다.

그런데 丑월 말기에 己土가 寅월 초기로 넘어가면 戊土로 변하고, 未월 말기에 己土가 申월 초기로 넘어가면 戊土로 바뀌는데 그 이유는 계절에 따라 음에서 양으로 양에서 음으로 바뀔 때 변하는 것이다. (도표 참조)

지장간의 음양관계 구성을 보면 양간(陽干)만 있는 지지가 있는데 寅, 申, 巳, 亥는 다 양간으로 구성되어 있고, 양간, 음간이 함께 구성되어 있는 지지는 子, 午, 卯, 酉이다. 辰, 戌, 丑, 未 중 辰, 戌은 양간과 음간으로, 丑, 未는 음간으로만 구성되어 있다.


## 4. 12지지의 특성 소개

12지지는 소유하고 있는 지장간에 따라 성격과 역할 등 특성이 있는 바 이를 공부하면

● 寅, 申, 巳, 亥는 사생지(四生地)라고 한다.

사생지는 生을 하여주어 상생하는 특성을 가지고 있다. 이 상생은 기운을 북돋아 주고 새롭게 시작하고 출발을 의미한다. 항상 움직이고 활동적이며 비교적 행동이 빠르고 이동수가 있다. 그래서 역마살(驛馬殺)을 가지고 있다.

寅木은 입춘(立春)으로 봄의 시작을 알리며 봄의 계절인 寅卯辰달(월)과 함께 하고, 巳火는 입하(立夏)로 여름 계절인 巳午未달

로 이어지고, 申金은 입추(立秋)로 가을 계절인 申酉戌달로, 亥水는 입동(立冬)으로 겨울 계절인 亥子丑달로 이어지는데, 모두 앞에 입(立)자가 들어간다.

寅申巳亥에 천간이 머문 일자는 공히 7일, 7일, 16일로 다 같다. 寅월을 예로 보면 천간 戊土가 7일 동안 활동하고, 다음 丙火가 7일 동안, 甲木이 16일 동안 활동하며 사령관 노릇을 한다.

특징은 말기(正氣=本氣)가 16일 동안으로 그 달에 반(半)을 차지하여 寅월은 甲木의 성격을 가지고 있다.

상기와 같이 모든 지장간이 머문 일자는 3등분하여 배정하였지만 활동일자 즉 사령관의 재임기간은 전부 다르다.

● 子, 午, 卯, 酉는 사왕지(四旺地 또는 四正地)라고 한다.

고집이 세고, 자존심이 강하다.(실제적으로 사주에 사왕지인 지지 하나가 들어 있어도 고집이 세다) 누가 뭐래도 자기 고집을 세우는 것이 사왕지이다. 이러한 이유를 보면 子水는 지장간이 水(壬水, 癸水)로만 이루어져있고, 卯木은 木(甲木, 乙木)으로만, 酉金은 金(庚金, 辛金)으로만 구성되어 있다.

그런데 午火는 지장간이 火로 구성(丙火, 己土, 丁火)되어있으나 가운데 己土가 들어 있는데 이는 丙火인 양의 계절에서 丁火인 음의 계절로 넘어가면서 중간역할 또는 완충지대를 형성 해 놓은 것이다. 오행인 木火土金水에서 火의 기운인 木火에서 水의 기운인 金水로 넘어가면서 土가 중간 역할을 하고 있는 것을 볼 수 있다. 또한 사왕지는 다른 오행으로 합이 형성되어도 변하지 않는 특징이 있다.

子午卯酉의 천간이 머문 일자를 보면 초기에 10일, 중기에 10일, 말기도 10일로 구성되어 있는데 子水를 예로 보면 壬水가 10일이고, 나머지 10일씩, 10일씩 20일은 癸水가 머물고 활동 하면서 사령관 노릇을 한다. 子水는 癸水의 정신성과 운동성을 갖고 있고, 卯木과 酉金도 子水와 같다.

午火는 丙火가 10일, 己土 10일, 丁火 10일로 구성되어 있음을 알 수 있다.


● 辰戌丑未는 사고지(四庫地 = 창고 또는 四墓地)라고 한다.

사고지는 지장간에 오행을 음양으로 고루고루 가지고 있고, 잘 정리해 놓았다고 하여 창고라는 표현을 쓴다. 辰戌丑未는 土로서 공통점을 가지고 있는데 이 띠에 해당하는 사람은 행동이 비교적 느린 성격을 가지고 있다.

또한 사고지는 土인데 다른 지지와 만나면 결합(三合)하여 다른 오행으로 변하는 특징이 있는데 꼭 기억해야 한다.

辰土의 지장간은 초기는 乙木(9일간), 중기는 癸水(3일간), 말기는 戊土(18일간)로 구성되어 있는데 중기에 癸水인 "물"을 보관하고 정리하고 있다는 뜻으로 申子辰 삼합이 형성될 때는 子水를 지원하여 물로 변한다.

戊土의 지장간은 초기는 辛金(9일간), 중기는 丁火(3일간), 말기는 戊土(18일간)로 배정되어 있는데 중기에 丁火인 "火"를 보관하고 있다. 寅午戌 삼합이 형성될 때는 午火를 지원하여 火로 변한다.

丑土의 지장간은 초기는 癸水(9일간), 중기는 辛金(3일간), 말기는 己土(18일간)가 배정되어 있는데 중기에 辛金인 "金"을 보관하고 있다. 巳酉丑 삼합이 형성될 때는 酉金을 지원하여 金으로 변한다.

未土의 지장간이 초기는 丁火(9일간), 중기는 乙木(3일간), 말기는 己土(18일간)로 구성되어 있는데 중기에 乙木인 "木"을 보관하고 있다. 亥卯未 삼합이 형성될 때는 卯木을 지원하여 木으로 변한다.

상기와 같이 辰戌丑未는 눈치파(사람의 성격도 그러하다), 상황파(환경파)라는 표현을 쓰는데 이유는 본인의 실체는 "土"이나 상황이나 세력에 따라 水 또는 火 또는 金, 木 등으로 합세하면 본인의 실체가 없어지고 변하는 특징이 있다는 것을 공부하였다.

**9장**

# 사주 구성(構成)과 의의

1. 사주는 어떻게 구성 되어 지나

2. 사주의 의의

3. 만세력(萬歲曆)이란

4. 절기와 사주와의 관계

    가. 24절기란

    나. 사주 작성과 절기와의 관계

5. 사주 작성 시 유의사항

6. 사주 작성은 정확하게

7. 사주 작성하기

# 9장. 사주 구성(構成)과 의의

사주 작성은 정확히 기재하여야 정확한 해석을 할 수 있다. 이장에서는 사주의 구성과 연관된 사항을 상세히 공부함으로서 정확한 사주 작성에 도움을 주고자 한다.

## 1. 사주는 어떻게 구성되어지나

사주 구성은 상하(上下)로 나누어지며 상하에 각각 4글자를 비치(備置)하여, 상은 천간(하늘의 음양오행)이고, 하는 지지(땅의 음양오행)로 구별하여 놓았다. 그 구성을 보면 아래와 같다.

|     |     |     |     |     |     |
| --- | --- | --- | --- | --- | --- |
| 상   | 천간  | ○   | ○   | ○   | ○   |
| 하   | 지지  | ○   | ○   | ○   | ○   |
|     |     | 시   | 일   | 월   | 년   |
|     |     | 주   | 주   | 주   | 주   |

이 4개 글자는 전부 시간을 표시한 것으로 1일은 24시간이며 하루다. 하루하루가 더해지면 한 달(평균 30일)이 되고, 한 달

이 더하면 두 달이 되어, 1년이면 12달 365일이라는 시간 표시가 된다. 그래서 사주 작성은 우측으로부터 "자기"가 난 해인 년도(年度=年柱)를 표시하고 이어 난 달(月柱)과 난 날(日柱), 난 시(時柱)를 표시하도록 구성해 놓았다.

여기서 중요한 것은 1년 365일이 지나면서 춘하추동 4계절이 발생하는데, "24절기(節氣)"는 4계절을 세분한 기후성격의 용어로 사주를 해석(통변)할 때 기준으로 활용하고 있어 꼭 알아야할 분야이다.

## 2. 사주의 의의

사주는 상기 주어진 상하 8글자를 가지고 서로가 상생인지 상극인지로부터 시작하여 생극제화(生剋制化)가 어떻게 변화하는지를 보는 것이다.

그 옛날의 시간 표시는 오늘날의 수자인 1 2 3 4 5… 등이 아니고, 子 丑 寅 卯 辰 巳 午 未 申 酉 戌 亥 의 지지를 가지고 하루를 12등분하여 시간단위로 활용하였고, 시간뿐만이 아니라 하루단위, 월 단위로도 사용 하였으며 계절별로도 사용했다.

여기서 중요한 것은 사주 자체가 시간의 표시이므로 상기 지지로 표시하는 시간단위의 개념과 계절을 잘 터득하여 지금이 봄철인지, 겨울철인지 또는 지금 시간이 일 할 시간인지, 잠을 자는 시간인지를 구분해야 한다.

또한 절기를 알아내는 일이다.(별도 절기 설명 참조)

매 달 초기에 기후의 변화를 알리는 절기의 명칭이 소개되고 있는데, 예로서 2月초(대체적으로 4-6일사이)는 봄이 시작된다는 입춘(절기)의 명칭이 있으며, 3月초는 경칩(驚蟄=동면하던 동식물이 땅속에서 깨어 꿈틀 거린다)의 명칭을 부쳐 그달의 기후의 성격을 소개하고 있는 것이다.

절기는 24절기로 나누어져 있으며(별첨 사주용어 참조), 이 절기는 계절이 바뀔 때마다 기후의 변화와 성격을 과학적으로 분석하여 소상히 설명하는 용어이자 단어이다.

따라서 이 절기의 용어를 잘 터득하고 외워두면 사주를 해석하는데 큰 보탬이 된다.

## 3. 만세력(萬歲曆)이란

만세력이란 달력(月曆)이다. 그런데 일반 달력과 다른 점은 년도와 월, 일자에 음양오행의 운동으로 나타난 육십갑자(六十甲子)를 표시한 것을 말한다.

만세력 책자는 보통 기간이 150년을 전후하여 만들어지고 있는데 사주를 작성 할 때는 만세력이 필수적이다.

\* 기능공이 공구가 없으면 안 되고, 군인이 총이 없으면 안 되듯이 명리학을 공부한 사람은 만세력이 꼭 필요한 것이다.


## 4. 절기와 사주와의 관계

### 가. 24절기란?

24절기는 음력과는 관계가 없으며, 태양의 움직임을 기초하여 만든 것으로 지구가 태양을 365일(1年) 공전하면서 받는 태양의 빛과 열(일조량)에 따라 기후는 변화하며 여기서 춘하추동 4계절이 발생한다. 다시 1년을 24등분하여 15일마다 기후의 변화과정을 "한 절기" 로 하고 그 절기에 맞추어서 절기명을 붙인 것이 24절기이다.

천문학적으로 다시 표현하면 태양이 1년 동안 지구를 지나가는 길(궤도)을 황도(黃道)라고 하는데 이 황도로 (태양을) 360도 회전하는 동안 15도씩 나누어 24등분 한 것에 절기 명을 붙인 것이 24계절이라고 하며, 여기서 절기의 기준은 태양이 남에서 북으로 적도를 가로지르는 시점인 춘분으로 하였고 이어 낮이 가장 긴 날인 하지(夏至)와 밤이 가장 긴 날인 동지(冬至), 그리고 낮과 밤이 같은 날인 춘분(春分)과 추분(秋分)을 꼭지점으로 하여 15도씩 나누고 다시 24등분하여 24절기를 과학적으로 만든 것이다.

* 천구상(天球=지구상에서 관측자를 중심으로 천공(天空)을 공 모양으로 하는 말이다)에서 태양의 위치와 황도가 0도일 때 춘분, 15도일 때 청명....순으로 정한 것이다.(24 x 15 = 360)

절기의 30일중 먼저 15일은 절(節)이라고 하고, 나중 15일은 기(氣)가 되어 "절기(節氣=Solar terms)" 라고 하는데 앞에 절은 사주를 정하는데 중요한 기준이 되므로 꼭 외우는 것이 좋다.

또한 입춘일자는 한해의 시작(설날)으로 하는데, 명리학에서는 사주 작성 시 입춘일을 년초(年初)로 삼고 작성 하므로 꼭 기억해야 한다.

앞에서 언급 하였지만 음력에서는 윤달로 입춘이 2번 오는 경우가 있는데(雙春年)이때 음력 일자만 알고 양력을 모르고 있으면 혼돈이 올 수가 있다. 이와 같이 입춘은 양기가 돋아나고 1년이 시작되는 것이다.

입춘일자는 양력으로 보통 2월3일~2월5일 사이인데 봄의 체감 온도는 약 1개월가량 늦는다.(동지 12월22일경이 지나면 일조량이 점점 길어져서 양기의 기운이 땅 밑에서 올라오기 시작한다)

입춘은 양력으로 2월인데 寅월이다. 寅木의 지장간 속에 丙火가 있다는 것을 언급 한바 있다. 입추(8월7일경)일 때도 더위는 계속되다 약 1개월이 지나야 서늘해진다.

* 곡물 중 팥과 찹쌀은 "해"를 많이 받는 곡식으로 양기에 해당 된다.그래서 동지 날인 12월22일경 이면 동지 죽을 쑤어 먹는 전통이 있는데 이는 양기를 받아 음기(陰氣)인 살기(殺氣)를 쫓는다는 의미가 있다.

지금은 한국이 산업국가로 발전 했지만, 전통적인 농업 국가로써 절기는 아주 중요한 역할을 하고 있다. 지금도 농촌은 그해 일기와 절기를 보고 마늘과 고추 농사가 잘되고 못되는 것을 점치기도 한다.

현재 세계는 산업개발에서 오는 오염 배출과 자동차 배기가스 등으로 환경오염(環境汚染)이 심각할 정도이며 이는 이상기온으로 발전하여 점점 더워지고 북극에서는 얼음이 녹아서 바다 수면이 올라와 섬이 없어지는 기현상(奇現象)이 일어나고 있다.

이러한 환경오염이 인간은 물론이며 모든 동식물에도 악영향을 미칠 것으로 보여 우리 모두가 크게 각성을 해야겠다.

## 나. 사주 작성과 절기(節氣)와의 관계

사주를 작성하고 사주의 기준을 정할 때는 어느 절기에 태어났나 또는 어느 절기와 어느 절기 사이에 태어났는가가 중요한 핵심이 된다.

생년월일시를 작성하는 사주는 양력생일과 음력생일을 다 함께 사용할 수 있으나 양력생일을 더 선호하는데 음력은 윤달이 있어 자주 혼돈하는 경우가 발생하고, 만약 음력 3월에 태어났다면 그해 절기에 따라 卯월(3월)이나 辰월(4월) 내지는 巳월(5월)이 되는 경우가 있는 것이다.

즉 경칩(驚蟄)이 지나 청명(淸明) 전에 태어났으면 卯월이 되고, 청명이 지나 입하(立夏) 전에 태어났다면 辰월이 되기 때문이다.

또한 중요한 것은 태어난 시를 기록할 때에는 몇 시, 몇 분까지 기록하는 것이 정확한 사주 작성법이라 할 수 있는데 이는 절기가 들어오는 시간을 입절(入節)이라고 하여 해마다 입절 시간이 전부 다르기 때문이다.(절기가 들어오는 입절 시간에 태어난 경우도 있다. 이때의 사주 작성법은 차후 설명)

## 5. 사주 작성 시 유의해야할 사항

사주 작성을 하기 전에 유의하고 확인해야할 사항을 소개한다.

가. 시간성을 늘 유념(留念)해야 한다.
● 사주 구성은 시간을 적어 넣은 것
앞에서도 언급한바 있지만 사주 구성은 시간을 적어 넣은 것이어서 시간학(時間學)이라고도 한다.

시간은 지구가 자전하고 공전하여 발생하는 것으로 1년은 365.2425일(0.25 = 1/4 = 약365일6시간)인데, 365일을 제외한 시간들을 모아 4년마다 한 번 2월29일을 만들어서 하루를 늘려 사용하고 있다.(太陽曆 = 그레고리曆 이라고 한다)

시간 중에 가장 작은 단위가 초(秒)이고, 초가 60개가 모이면 분(分)이되고, 분이 60개모이면 1시간(時間)이 된다. 이 1시간이 24개가 모이면 하루(1일)가 된다. 하루(일)가 30개가 모이면 한 달이 되고, 한 달이 12개가 모이면 1년이 된다.


● 사주 명리학의 시간 개념은 지지에 두다

사주 명리학에서는 시간 개념을 지지에 두고 있다. 시간을 비롯하여 달(월)과 계절 등을 표시하고 있다.

사주 명리학에서는 2시간씩을 단위로 하여 12개 모이면 하루가 된다. 즉 子시가 밤 11:30~아침 1:30분까지 이어 丑시도 2시간씩이다.(명리학 시간은 앞에 언급내용 참조)

2시간 간격이 있으므로 초, 중, 말을 집어넣어 아침 9시인 경우에는 辰시 말(辰時 : 07:30~09:30) 이라고 표현하고, 10시인 경우에는 巳시 초(巳時 : 09:30~11:30)라고 표현하였다. 그리고 현재 12시인 경우는 午시인데 정오(正午 = 일본시간을 기준하여 11:00~13:00을 사용)라고 표시한다. "정오 뉴스를 전한다"는 용어를 쓰기도 한다.

또한 사례를 보면 3·1절 노래 가사 중 "己未년 3월1일 정오오오———" 하는 구절이 있는데 이때의 정오는 지금의 12:30분을 말한다. "자정(子正=밤 12:00)이 다 되어서 집에 들어왔다."라는 표현을 쓰기도 한다.

좀 더 시간에 관해 설명하면 한국은 일본천문대 시간을 기준으로 하고 있어 동경 시간이 12:00시 이면 서울도 12:00시이다. 그러나 정확히 말하면 한국은 오전 11:30분이다. 왜냐하면 그 태양이 서울까지 오는 시간은 32분 48초가 걸린다. 그래서 午시는 11:30분부터 오후 1:30분이며 우리나라 정오는 12:30분으로 사주명리학에서는 고쳐 쓰고 있다.(현재 만세력에도 이 시간을 쓰고 있음)

명리학은 정확한 시간을 요구하고 있는데 태양이 현재 내가 살고 있는 곳의 정남쪽에서 비출 때가 정오가 되는 것이다. 다시 말하면 태양과 지구에 내가 살고 있는 각도 관계를 보고 시간을 정하는 것이다. ─ 자정(子正)은 나의 지구 반대에서 태양이 정남쪽으로 비출 때를 말한다, 브라질 또는 아르헨티나 ─

● 한국의 과거 시간 변동 사항

한국도 1953년 3월 25일부터 1961년 8월 9일까지 우리나라 천문대를 기준으로(동경 127도30분) 시간을 사용하여 정확히 낮 12시가 정오였고 남쪽 밑에서 태양이 비출 때이다.

또한 서머타임(日光節約 시간)을 실시하여 1시간을 앞당겨 사용한 적이 있는데 그 실시기간은 1948년~1951년, 1955년~1960년, 1987년~1988년 등 모두 12年에 걸쳐 시행한 바 있는데 매해 3月31日부터 9月30日까지이며 실시 기간 날짜는 매해마다 며칠씩 차이가 있었다.(서머타임 기간은 만세력에 표시가 되어 있다)

중요한 것은 이 기간 중 생일일 경우에는 시주(時柱)를 기록할 때 1시간을 빼서 해당 오행을 기록해야 한다.

사주 명리학에서 사용하는 지지 시간인 子丑寅卯辰巳…의 시간도 태양과 현재 내가 살고 있는 지구와의 각도에서 나온 시간을 말하며 이를 진짜시간 또는 진시(眞時)라고 한다.

그러므로 서울 기준으로 시간을 정한다면 현재 시간에서 약 30분을 늦추어야 진짜시간이 되는 것이다(만세력에 기재된 시간은 한국을 기준한 시간이다). 그래서 사주를 작성할 때는 어느 지역에서 출생 하였느냐가 중요한데, 예로서 같은 시간이라도 울릉도에서 태어난 아기와 백령도에서 태어난 아기의 시간차도 약 24분 차이가 있다.

나. 미국과 중국의 시간현황 소개
미국과 이웃 중국에서 태어난 사주를 작성할 때 꼭 주의해야 할 점은

● 미국의 시간현황

미국 대륙은 3시간의 시간차가 있고 해마다 서머타임을 실시하고 있기 때문에 이점을 꼭 참고하기 바란다.

동부지역이 아침 9시이면 서부지역은 아침 6시이다. 동부 뉴욕에서 국내선 비행기를 타면 서부 샌프란시스코까지 6시간이 소요된다.


● 중국의 시간현황

중국은 한국 시간 보다 1시간의 차이가 있다.(1시간이 늦다) 그런데 문제는 그 광활한 지역을 다함께 같은 시간을 사용하고 있다는 것이다.

문제는 만주에 있는 "할빈" 도시의 위치는 한국하고 같은 위도 상에 있음에도 불구하고 1시간이 늦는다고 하면 사주 작성에 문제가 있으며, 또한 중국 서쪽에 있는 "티벳"(Tibet)이나 "신장"도 미국과 같이 동쪽에서 서쪽까지 적어도 3시간 차이가 있을 것으로 본다. 그러므로 중국에서 출생 시간은 위도를 잘 참작하고, 태양과 출생한 지역과의 각도에서 나온 시간을 시지(時支)에 기재하여야 한다.


다. 지지에 계절을 맞추어 놓는다.

계절도 시간과 같이 지지에 맞추어 그 해의 시작은 봄이며 이어 여름, 가을, 겨울 순으로 되어 있는 것과 같이 寅卯辰 巳午未

申酉戌 亥子丑으로 3지지씩 끓어서 계절을 표시하였고, 동시 시간성을 표현하고 있다.

여기서도 오행의 木, 火, 土, 金, 水의 순을 맞추어 놓았다.

라. 子시(時)의 기운은 다음날 기운

子시는 23시30분부터 다음날 01시30분까지를 말하는데, 23시이면 그날의 기운이 거의 소진(消盡)상태이고, 사실상 잠자는 시간이며 오장육부(五臟六腑)가 쉬고 있는 시간이다.

그래서 밤 11시(23시)부터는 새로운 기운인 내일(다음날)의 일주(일진)를 쓰고, 시간(시주)은 태어난 시간을 그대로 기재한다. (앞에서도 언급하였지만 子시는 하느님이 깨어있는 시간이다 - 제사를 12시에 지내는 이유가 여기에 있다)


# 6. 사주 작성은 정확하게

가. 상대인의 생년월일은 정확하게 기재

상대인의 생년월일을 양력이든 음력이든 정확하게 확인하고 기재를 한다. 간혹(이따금) 청년들의 생년월일은 주민등록증에 등재되어 있는 것이며 실재 생일은 다르다고 할 때도 있음을 유의해야 한다.


음력생일을 받았을 때는 윤(閏)달을 확인해야 한다. – 그러나 요즘 청년들은 음력을 잘 쓰지 않는 편이다. –

"띠"를 확인하는 것도 좋다.


* 윤(閏)달이란 : 2~3년마다 한 번씩 한 달(1개월)을 추가하여 13개월을 만드는데 공(空)달이라고 한다. 그러므로 윤달 생일은 해마다 윤달이 있는 것이 아니기 때문에, 본(本)달 음력생일을 쓰는 경우도 있으니 유의하기 바란다. – 이때 부모는 윤달에 낳았다는 말을 해 주기도 한다. – 여하간 정확한 양력생일을 알고 있는 것이 중요하다.


나. 입춘이후가 그 해의 시작이다.

새해 시작은 양력이 그 해 1월1일부터, 음력도 1월1일( = 설, 명절)로 인식되어 있다.

그러나 사주명리학에서는 입춘 날이 "그 해"가 시작 된다.

따라서 입춘 전날은 그 해가 아니고 작년(그 전해)의 년주를 기재 한다.


다. 전년도와 새해의 경계선

해마다 입춘 절기가 오는데 (대체적으로 양력 2월 3일~5일 사이), 들어오는 시간( = 입절시간入節時間, 만세력에 기재)이 전부 다르다. 예로서 2014년 甲午년의 입춘 날은 2월4일인데 입춘이 들어오는 시간은 07시 02분이고, 2015년 乙未년의 입춘 날도 2월4

일인데 입춘 시간이 들어오는 시간은 12시58분이다.

　이와 같이 입절시간이 해마다 다른 것이다.


　그래서 전년도와 새해의 경계선은 입춘이 들어오는 입절시간이 경계선이 된다. 앞의 예에서 2015년 을미년 입춘 입절시간이 2월4일 12시58분을 기준으로 하여 만약 신생아가 2월4일 12시10분에 태어났다고 한다면 전년도인 2014년 甲午 생이 되어 년주, 월주에 이어 2월3일을 일주로 기록해야 한다.

　반대로 신생아가 2월4일 12시58분 이후 시간에 태어났다고 하면 이 신생아는 乙未년 태생으로서 생년월일은 2015년 2월4일이고, 시는 태어난 시간을 적는다.


　신생아가 달(월) 절기에 태어난 경우도 있는데 여기에서도 입절시간이 있으므로 전달과 다음 달의 경계선을 분명히 가를 수가 있다. 예로서 2014年 4월 5일 청명 일에 태어났다고 한다면 입절시간이 05시46분 이므로 여기서도 마찬가지로 2014년 4월 5일 05시 46분 전에 태어난 시간이면 입절시간 전 이므로 4월 4일 일주를 적고, 월(월)도 3월 월주를 기록해야 한다. 물론 입절시간 후에 태어났다고 한다면 당연히 4월 월주와 5日 일주를 기록한다.


　입춘 입절시간이 지나야 2월(寅월)이 시작되고, 경칩 입절시간이 지나야 3월(卯월)이 시작되며, 이어 4월, 5월…12월, 1월 등도 입절 이후부터 그 달이 시작된다.

절기는 상대자의 사주를 통변하는데 큰 역할을 하므로 꼭 기억해 두는 것이 좋다. 또한 앞에서도 언급한바 있지만 태생지 시간을 참고하기 바란다.

상기와 같이 사주 작성은 유의사항을 꼭 참고해야 정확한 사주를 작성할 수 있다.

## 7. 사주 작성하기

사주 작성은 우측에서 좌측으로 기록 하는 것이 오랜 전통이며, 작성은 앞에서 지적한 유의사항을 꼭 참조해야 한다.

아래 5가지 유형의 사례를 들어 작성 방법을 설명해 본다.

가. 양력 일 때 사주 작성은

1961생 남자 사주를 예로 들어보자. 1961년 5월16일 새벽 4시에 출생, 이를 작성하면 만세력을 참조하여 우측으로부터 년주, 월주, 일주, 시주의 순서로 작성한다.

1961년 5월 16일 04시

| 丙 | 己 | 癸 | 辛 |
|---|---|---|---|
| 寅 | 酉 | 巳 | 丑 |
| 시 | 일 | 월 | 년 |
| 주 | 주 | 주 | 주 |

　六十甲子에 의해 1961년은 辛丑 년주이고 이어 5월은 癸巳 월주, 16일은 己酉 일주, 04시는 丙寅 시주가 된다.

　5월은 巳월로 월주는 癸巳월이다. 입하 절기이고, 16일은 입하 계절로서(立夏 입절시간은 5월 6일 02시 51분), 기후로 따지면 초목이 성장하는 시기이며 아주 덥지도 않고 봄을 만끽하는 계절이라 하겠다. 16일은 己酉 일주가 되겠다.

　시는 04시 인데 시주를 찾는 방법은 반드시 일주의 일간을 보고 찾는다. 일간이 己土이므로 만세력에 시간지(時干支) 조견표를 보고 己土와 합치되는 04시를 찾으면 시가 인시(03:30~05:30)가 되므로 丙寅 시주가 된다.

　시간지 조견표를 보면 己土가 甲木하고 함께 있는데 이는 서로가 합(合)을 이루고 있기 때문이다. 이 합은 5년 후에 다시 돌아온다. 뿐만 아니라 월도 마찬가지로 5년 후에 다시 돌아오는데, 癸巳 월은 5년 후에도 癸巳월이 된다. 이는 서로 공통점을 가지고 있어 합이 들어오기 때문이다. 월간 합은 아래와 같다.

1)  甲 + 己 = 土　甲년과 己년은 월간(月干)이 같다.
2)  乙 + 庚 = 金　乙년과 庚년은 월간이 같다.
3)  丙 + 辛 = 水　丙년과 辛년은 월간이 같다.
4)  丁 + 壬 = 木　丁년과 壬년은 월간이 같다.
5)  戊 + 癸 = 火　戊년과 癸년은 월간이 같다.

* 천간(天干) 끼리 합은 애정이 생겨 부부 인연이 되는 합을 말 한다.

　1961년 5월 16일 04시, 뽑아 놓은 사주위에 辛金, 丑土, 癸水, 巳火, 己土, 酉金, 丙火, 寅木 등에 木火土金水를 기록하여 연습하는 것이 좋다. 여기서 己土는 자기(나)를 말하며 己土가 자기의 기운이다.

　나. 음력일 때 사주 작성은

　2014년 음력 3월15일 오전 11시20분 남자사주라고 한다면 (이때 양력인 4월14일을 함께 기록하면 이해하기가 쉽다), 음력 3월은 양력 4월이 되며 辰월이고 청명의 절기로 따듯하고 화사한 봄이다.

　년주는 甲午 년이 되고 월주는 戊辰이 된다.

　일주는 乙卯가 되고 시주는 먼저 일주 일간을 보고 찾게 되

어있고 여기서 일간은 乙木이므로  오전  11시20분을  乙木에  맞추
어 보면  辛巳 시주가 된다.  이를 작성 해보면


辛  乙  戊  甲
巳  卯  辰  午


다. 생일이 양력 1월인 경우

2014년 1월20일(양력) 13시10분 여자의 사주를 작성해 본다.

여기서 조심해야 할 것은 2014년이라고 하여 년주를 甲午년
이라고 적으면 틀린다. 왜냐하면 2014年의 시작은 立春이 지나야
시작되기 때문이다. 2014년의 입춘의 입절 시간은 양력 2월4일
07시02분이다. 이 시각 이후부터 甲午년이 시작된다. 사주의 새해
(설)는 입춘날이라는 것을 설명한 바 있다.

이 아기는 2013년의 기운을 가지고 있다. 사주를 작성해보면
년주는 2013년 癸巳년이고, 乙丑 월주이며, 辛卯 일주이다. 시주
는 일간 辛金에 맞추어 13시10분을 찾으면 甲午 시주가 되겠다.

양력 1월은 가장 추운 계절로 소한(小寒) 절기이며, 20일은
대한(大寒)이 들어오는 날이다. 사주를 작성해 보면


甲  辛  乙  癸
午  卯  丑  巳

라. 음력 1월1일 경우

2014년 음력 1월1일(정월초하루＝설날) 오후 8시40분 남자사주를 예로 하면, 이 음력 날짜를 양력으로 바꾸어 보면 1월31일이 된다. 그러면 1월 乙丑 월주가 된다. 여기서도 년주를 2014년 甲午년을 쓰면 틀린다. 아직 입춘이 지나지 않아 전년도인 癸巳년을 써야한다. 양력 1月이라 추운 계절이며 대한 절기가 되겠고, 4일 후면 입춘이 오고 있다.

시가 오후 8시 40분이므로 정초에 가족과 친척들이 모여 세배를 하고 식사를 하며 덕담을 하는 등 명절의 의의를 갖는 시간 이다.

일주는 壬寅이 된다. 시주는 오후 8시40분 이므로 일간 壬水에 맞추어 시간을 대입해 보면 庚戌시가 된다. 이를 정리하면,

庚　壬　乙　癸

戌　寅　丑　巳

마. 음력 1955년 12월27일 밤 11시40분 여자사주

양력은 1956년 2월 8일이 된다. 입춘(2월 5일)이 3日이 지나 1956년 丙申년의 기운이 들어와 있다. 음력으로는 1955年 乙未년 양띠 해에 태어났으나 띠가 바뀌어 원숭이띠가 된 것이다. 따라서 년주를 乙未년으로 쓰면 틀린다.

월주는 입춘이 지났으므로 2월이 되고 庚寅 월이다. 입춘 절

기로 추운 겨울이 지나고 봄을 알리는 계절이라 하겠다.

일주는 27일이 乙巳일 이나 밤 11시40분이므로 기운이 다음 날짜로 넘어가 丙午일이 되겠다.

시주는 丙 일간이므로 子시를 맞추면 戊子시가 된다.

사주를 작성해보면,


戊　丙　庚　丙
子　午　寅　申


상기와 같이 사주 작성은 유의해야할 사항을 꼭 참조하여 정확　해야하고, 음력 正月이나 12월은 년도가 바뀌고 띠가 바뀌는 등 음력을 양력으로 바꿔 작성하여 대조하며, 시가 밤 11시가 지나면 그 기운이 다음 날(日)로 넘어 간 일주(日辰)를 적는다.


### 〈24절기 설명〉

● 봄의 節氣

1. 입춘(立春) 2월 04일 또는 05일 : 계절의 시작 봄에 들어섰습니다.

2. 우수(雨水) 2월 18일 또는 19일 : 내리던 눈이 그치고 비가 옵니다.

3. 경칩(驚蟄) 3월 5일 또는 6일 : 벌레들이 깨어나네요. 겨울잠을 자던 개구리가 땅밖으로 나오는 계절

4. 춘분(春分) 3월 20일 또는 21일 : 둘로 나눈 봄의 한가운데. 밤과 낮의 길이가 같습니다.

5. 청명(淸明) 4월 4일 또는 5일 : 따뜻하면서도 맑은 그야말로 화사한 봄이네요.

6. 곡우(穀雨) 4월 20일 또는 21일 : 촉촉하게 내리는 봄비 맞으며 새싹이 움틉니다.


● **여름의 節氣**

7. 입하(立夏) 5월 5일 또는 6일 : 더위의 시작 여름입니다.

8. 소만(小滿) 5월 21일 또는 22일 : 식물의 푸르름이 조금씩 대지를 덮습니다.

9. 망종(芒種) 6월 5일 또는 6일 : 씨(종자)를 뿌려 한해의 농사를 시작합니다.

10. 하지(夏至) 6월 21일또는 22일 : 여름의 한가운데. 낮의 길이가 가장 깁니다.

11. 소서(小署) 7월 7일또는 8일 : 작은 더위

12. 대서(大署) 7월 22일 또는 23일 : 큰 더위

● 가을의 節氣

　13. 입추(立秋) 8월 7일 또는 8일 : 사색의 계절 가을입니다.

　14. 처서(處署) 8월 23일 또는 24일 : 더위는 한 풀 꺾였습니다.

　15. 백로(白露) 9월 7일 또는 8일 : 일교차가 커서 이슬이 맺혔네요.

　16. 추분(秋分) 9월 23일 또는 24일 : 가을의 가운데. 밤과 낮의 길이가 같아졌습니다.

　17. 한로(寒露) 10월 8일 또는 9일 : 이슬도 차가워 졌습니다.

　18. 상강(霜降) 10월 23일 또는 24일 : 서리까지 내립니다.


● 겨울의 節氣

　19. 입동(立冬) 11월 7일 또는 8일 : 추운 겨울에 접어들었습니다.

　20. 소설(小雪) 11월 22일 또는 23일 : 많은 양은 아니지만 눈이 내렸습니다.

　21. 대설(大雪) 12월 7일 또는 8일 : 눈다운 큰 눈이 내렸습니다.

　22. 동지(冬至) 12월 21일 또는 22일 : 겨울의 절정. 추운 겨울밤이 왜 이리 긴지요.

　23. 소한(小寒) 1월 5일 또는 6일 : 작은 추위

　24. 대한(大寒) 1월 20일 또는 21일 : 큰 추위

**10장**

# 대운(大運) 작성방법과 대운이 사주에 미치는 영향

# 10장. 대운(大運) 작성방법과 대운이 사주에 미치는 영향

　　이 장에서는 자기 사주에 없거나 또는 있는 오행이 들어와 운명의 변화를 주는 것으로서 본(本) 사주 외에 2글자가 10년간 추가되어 어떠한 조화를 이루고 또 변화를 가지고 오는지를 분석하고 그 역할에 관해 공부하는 것이다.

## 1. 대운의 의미

　　자기 인생 10년간의 미래를 보고 순탄한 지 험난한 지를 예견(豫見)해 보는 것이다. 그래서 큰 운명(大運)이라고 한다.

　　대운은 사주의 연속으로 자기 사주의 월주(月柱)로부터 나온다. 월주에는 일기의 변화와 절기가 표시되어 있는데, 이 절기와 사계절(春夏秋冬)은 지구가 태양을 돌면서 발생하는 우주(宇宙)의 원리로서 우리는 이 우주의 일원(一員)으로 영향을 받기 때문이다.

이 사계절 변화에 따라서 우리는 성(盛)하기도 하고, 쇠(衰)하기도 한다는 이치(理致)가 있다는 것을 깨닫고 여기에 대입하여 만든 것이 명리학의 뿌리가 되고 있다.

또한 지구와 달(月)의 인력(引力)관계는 인간을 비롯한 모든 동식물(바다 포함)의 생리작용(生理作用)에 영향을 미치고, 사계절과 함께 밀접한 관계를 갖고 변화를 주고 있어 대운을 월주에 두고 있다.

* 대운은 10년간의 길흉(吉凶)운을 보는 단위 수(單位 數) 이다.

대운을 도로(道路)로 비교하면 차(車)가 평탄한 포장도로로 달리느냐 비포장도로로 가느냐에 차(差)이가 있고, 또한 차 종류에 따라 인생의 가는 길이 여러 갈래로 갈라지며 빈부의 차이도 크다는 것을 비유(比喩)할 수 있겠다.

## 2. 대운이 사주에 미치는 영향

사주의 8자 속에 오행인 10간과 12지지 도합 22자가 사주 8자 안에 다 들어 갈 수가 없고, 대략 3분지 1의 글자가 들어가는데 중복(重複)으로 같은 글자가 들어가 있거나, 음양오행이 한쪽으로 치우치는 경우가 있으며, 또한 木火土金水의 오행이 골고루 들어가 있어도 어느 오행은 약하거나 극(剋)을 받는 등 그 역할을 다 못하여 사주의 완벽이란 기대하기 어렵다.

대운은 부족한 것을 보충해 주어 사주팔자의 운이 변할 수 있는 기간이다. 대운은 고정되어 있는 것이 아니고 10년마다 변하며 그러나 사주팔자의 기본이 변하는 것은 아니다.

이 대운은 사람마다 다르기 때문에 대운을 작성할 줄 알아야 하며, 대운 작성은 월주로부터 시작됨을 앞에서 언급한 바 있다. 월주에는 계절의 변화가 기록되어 있어 사람의 삶의 변화, 천기(天氣)의 변화와 기운이 들어오고 나가는 것을 읽어낼 수 있다.

## 3. 대운을 정하는 법

대운을 정할 때는 남녀의 출생년도에 따라 대운 작성 방법이 다르니 유의해야 한다. 출생한 년도인(生年) 년간(年干)이 甲丙戊庚 壬년일 때는 양년(陽年)이라 하고, 乙丁己辛癸년일 때는 음년(陰年)이라고 한다.

양년에 태어난 남자를 양남(陽男)이라 하고 음년에 태어난 남자를 음남(陰男)이라고 한다. 여자의 경우도 마찬가지로 양년에 태어나면 양녀(陽女)라 하고 음년에 태어나면 음녀(陰女)라고 한다.

따라서 대운을 정할 때에 양년생 남자와 음년생 여자는 양남음녀(陽男陰女)로 앞으로 오는 절기로 미래절(未來節)이라 하여 월주에 이어 대운을 순행(順行)으로 기록하고, 음년생 남자와 양년생 여자는 음남양녀(陰男陽女)로 지나온 절기로 과거절(過去節)이라하고 월주에 이어 대운을 역행(逆行)으로 기록한다.

이를 정리하면

● 양남음녀(陽男陰女)는 미래절(未來節)로 순행(順行)하고,
● 음남양녀(陰男陽女)는 과거절(過去節)로 역행(逆行)한다.


* 사주 작성 후 남녀를 구분 해 보이는 용어(用語)가 있는데 이 용어는 사주 년주(年柱) 상단이나 년주 우측에 기록하여 남여 사주를 구별 해 놓는다. 남자를 표시하는 한자(漢字)로서 하늘 "건명(乾命)"이고, 여자를 표시하는 한자는 땅 "곤명(坤命)"을 사용한다.


## 4. 대운 작성 사례

예를 들어 사주와 대운작성을 해 보겠다.

여자 : 2014년 8월15일(양) 오전 02:30분생 이라고 한다면


|  癸  |  戊  |  壬  |  甲  |      |  坤  |
| :-: | :-: | :-: | :-: | :-: | :-: |
|  丑  |  午  |  申  |  午  |      |  命  |


|  丙  |  丁  |  戊  |  己  |  庚  |  辛  |
| :-: | :-: | :-: | :-: | :-: | :-: |
|  寅  |  卯  |  辰  |  巳  |  午  |  未  |

이 여자는 생년이 甲午년 양(陽)의 해에 출생하여 양녀(陰男陽女)에 해당 하므로 대운 작성을 역행인 과거절로 기록한다.

8월은 입추의 계절이다.(입절시간이 7일 23:02분) 15일은 입추의 중간 계절이고 申월(8월)이라 한다. 입추는 가을이 온다는 계절이기는 하나 더위가 막바지에 있어 더위는 계속 이어지고 있다.

이 사주에 오행 중 빠진 것이 없는지를 살펴보면 木火土金水가 다 있으며, 보통은 1~2개 오행이 빠지는 경우가 많은데, 만약 빠진 오행이 木일 경우 "木 부족(不足)"이라고 표시해 놓는다.

상기 대운 작성을 좀 더 설명하면 60甲子에 의거, 대운 작성은 월주 壬申월에 이어 지난달(過去月)인 辛未, 庚午, 己巳, 戊辰, 丁卯월 순을 역행으로 기록하였다. 만약 이 사주가 남자(乾命)라면 미래절이 되어 壬申월에 이어 癸酉, 甲戌, 乙亥, 丙子월 순으로 순행 하여 기록한다.

대운의 기록은 각 10년에 해당하므로 평균 6개정(60세 대운)도 기록하나 근자에 와서는 수명이 연장되어 8-9개(90세 대운)까지 기록하고 있다. 대운은 앞에서도 언급 한바와 같이 10년간의 길(運 = 道路)의 상태(狀態)가 양호한지 불량(不良)한지를 점검 해보는 것이다.

## 5. 대운수(數)의 의미

그런데 현재 내가 어디까지 왔는지를 알아내려면 대운수(數)라는 것이 있는데 이수치는 출발하는 해(歲)와 끝나는 해를 알려주는 수치이다.

이 수치는 만세력에서 보면 남자와 여자를 구별해서 표시되어 있고, 대 운수 산출(算出)하는 방법은 다음 장에서 설명하겠다.


## 6. 절입시(節入時) 사주와 대운수 기재 방법

만세력을 보면 절기가 들어오는 날(日)에 대운 숫자가 기재되어있지 않다.

이유는 절기가 들어오는 시간에 따라 지난 날짜의 사람과 그 날의 사람으로 나누어지며 대운수 차이는 10년이 되기 때문이다.

여기서 중요한 것은 절입시 대운수는 1 아니면 10으로 본다.

이를 다시 정리하면, 절입 날 절입 시간 전(前)의 사주는 전날의 일주(日柱)와 전달의 월주(月柱) 그리고 대운수를 기재하고, 절입 시간 후(後)의 사주는 절입날 일주와 그달 월주를 기재하나 대운 숫자는 다음날 대 운수를 기재한다.

그런데 여기서 살펴야 할 것은 전날 대운수가 9라고 하면 무조건 10이 되고 또 2라면 1이 된다. 또한 그 날의 대운 수 기재 방법도 마찬가지이다.

그러면 절입 시 사주를 예로 들어 설명한다.

여자 : 1975년 9월8일(양) 오전 10:30분 생 (9월8일은 백로 (白露)로 절입 시간은 15:33분)


$$癸\ 丙\ 甲\ 乙\quad 坤$$
$$巳\ 辰\ 申\ 卯\quad 命$$


61 51 41 31 21 11 1

$$辛\ 庚\ 己\ \ 戊\ 丁\ 丙\ 乙$$
$$卯\ 寅\ 丑\ \ 子\ 亥\ 戌\ 酉$$


상기 여성은 절입 날인 9월8일 오전 10:30분(巳時)에 출생 하여 백로 절입 시간인 15:33분 보다 이전이므로, 전달 월주가 되 겠고, 일자는 7일 일주로 바뀌었다. 대운수도 1을 사용하고 있다.

백로는 일교차가 커지면서 이슬이 맺히고 가을이 본격적으로 시작 된다는 설명이며 8월은 申달이고 9월은 酉달이다.

이 여성의 길(運)을 점검 해보면 75년생이므로 2015년 현재 41세 로 새로운 己丑 대운의 기운을 받고 있다.


다음은 남자의 예를 들어본다.

남자 : 1979년 10월19일(음) 오후12:20분 양력은 12월8일. (음력 10월19일은 대설(大雪)로 절입 시간은 02:18)

```
庚 己 丙 己  乾
午 酉 子 未  命


61 51 41 31 21 11 1
己 庚 辛 壬 癸 甲 乙
巳 午 未 申 酉 戌 亥
```

　　상기 남자는 음력 출생일자(19일)가 대설 절입 날 12:20분에 출생하여 입절시간인 02:18분 후가 되므로 입절 날 월주와 일주를 기재하였고, 대운수도 1로 시작한다.

　　대설은 눈이 많이 내린다는 기후 설명이며 양력 12월은 추위가 시작되고 12월 중순에 동지가 지나면 양의 기운으로 바뀌나 추위는 양력 1월까지 계속된다.

　　이 사주는 추운 사주이나 마침 월간에 丙火가 따뜻하게 해주어 일간 己土는 일을 추진하는데 무리가 없을 것으로 본다.

　　이 남성의 길운은 79년생이므로 2015년 현재 37세로 아직 31세 壬申 대운의 기운을 받고 있어 다음 대운까지는 3년이 남아 있다.


　　위와 같이 절기가 들어오는 시간은 분(分)까지 따져서 사주를 작성해야 한다.

## 7. 대운의 특징과 사주팔자

대운의 특징은 나에게 주어진 길이요 나만이 가는 길운이기 때문에 싫어도 가야하는 길이다. 이는 모든 사람의 사주가 다르므로 각기 다른 길운이 나오기 때문이다. 그런데 우리가 그해 운(1年運), 그달 운(月運), 그날 운(=日辰)을 본다는 용어를 쓰는데 이는 모든 사람에 해당되는 것이다.

예로서 그해 운을 본다면 올해 운이 을미년(乙未年)이라면 을미년을 자기 사주에 대입하여 부족한 오행을 채워주는 해 인지를 살피고 길흉을 따져서 금년 신수가 좋다 또는 나쁘다는 등을 평가하는 것이다.

일진도 그 날의 60갑자를 자기 사주에 대입하여 예로 水가 부족하면 水가들어와 조열(燥熱)한 사주를 식혀 줄 수 있는지 또는 극하는 오행이 들어와 계획하였던 일을 방해 하는지 사전 탐색해 보는 것이다.

● 사주팔자(四柱八字)란

인간이 어머니 뱃속에서 나와 탯줄을 끊는 순간 우주의 기운인 음양오행 60갑자가 생년월일과 시로 표시 되는데 이를 운명(돌運, 목숨命)이라고 표현 하며 운명은 우주의 기운을 받는 것으로 사주팔자는 우주의 어떤 기운을 가지고 있는가를 살펴보는 것이다.

## 8. 대운수 산출법

대운수는 자기 인생의 길이 어디까지 와 있나를 알아보고, 또 언제 이 길이 시작되었고 끝나는지를 알아보는 수치이다. 만세력에 표시된 수치는 평균치로서 아래 계산법을 꼭 알아야한다.

산출 방법은 나의 출생일부터 절입 일이 들어오는 날(日)까지 계산해서 나온 숫자가 7일이 되든 20일이든 3으로 나눈 숫자가 대운수가 되는 것을 말한다.

* 3으로 나눈다는 뜻은 1년이 1세(歲)이며 1운(運)이라 하고, 2년은 2세이고 2운이다. 1운에서 2운으로 넘어가는 시간이 24시간(1일)이 아니라 시간적으로 3일(滿72시간)을 채워야 2운으로 넘어간다. 그래서 대운수를 얻으려면 3일로 나눈다.(출생 월에 차이가 있고, 1년의 시간은 365.2425일 등을 감안하여)

여기서도 순행(順行)과 역행(逆行)의 대운수 산출법이 다르다.
양남음여는 자기 생일부터 순행하여 앞으로 오는 절입 날까지 계산한 일자를 3으로 나눈 숫자이고, 음남양여는 생일부터 역행으로 지난 입절 날까지 계산한 일자를 3으로 나눈 숫자이다.

계산방법을 사례를 들어 공부하겠다.
계산하여 7일이 되는 경우는 7÷3 = 2 하고 7-6 =1이 남는다. 이때 나머지 1은 버리고 2가 대운수가 된다.
20일인 경우 20÷3 = 6   20-18 = 2가 되는데 나머지가 2인

경우는 반올림 하고 6+1 = 7로 하여 대운수는 7이 된다.

3일 인 경우 3÷3 = 1이 되므로 대운수는 1이다.

그런데 1일과 2일 인 경우는 3으로 나누면 0점 이하 소수점이 나와 0인 대운수는 없으므로 무조건 1로 정한다.

21일 인 경우 21÷3 = 7로 7이 대운수가 된다.

● 사주 사례

2015년 1월1일(양) 밤 0시3분에 태어난 남자 아이를 연습해보자.

이 남자아이는 양남음여로 순행하여 소한(小寒)인 1월6일까지 일자를 계산하고, 입춘 전이므로 년주는 2014년 甲午년에 월주는 丙子월이 되겠다. 사주와 대운을 작성하면,

庚　丁　丙　甲　乾

子　丑　子　午　命


52　42　32　22　12　2

壬　辛　庚　己　戊　丁

午　巳　辰　卯　寅　丑


이 아이에 대운 산출은 순행이므로 절입 날인 소한이 1월6일로 출생한날 1월1일부터 계산하면 5일이며 5÷3 = 1이 되고, 다시 5-3 = 2가 되어 나머지 2를 반올림하면 1+1 = 2가 되므로 대운

숫자는 2이다.

아직 1세로서 甲午년의 기운을 받고 있으며 2세가 되면 丁丑 기운을 11세까지 받게 된다.

부족한 오행이 없이 다 있다. 丙火와 午火 등 火가 혼잡 되어있으나 추운겨울 子水를 녹여주고 있어 대체적으로 건강하다.

일간 丁火가 찬 물로 둘러싸여 있으나 월간 丙火의 도움과 년지 午火에 뿌리를 내리고 있다.

甲木이 火로 둘러 싸여 있고, 얼음물인 월지 子水에 뿌리를 내려 물을 받으려 하는데 천만다행히 녹아 있어 甲木은 물 공급을 받을 수 있겠다.

위 같은 생일을 여자로 하여 공부 해보자
2015년 1월1일(양) 밤 0시3분 여자
이 여자아이는 음남양여로 역행하여 대설인 12월7일까지 일자를 계산한다. 사주와 대운을 작성하면,

| 庚 | 丁 | 丙 | 甲 | 坤 |
|---|---|---|---|---|
| 子 | 丑 | 子 | 午 | 命 |

| 58 | 48 | 38 | 28 | 18 | 8 |
|---|---|---|---|---|---|
| 庚 | 辛 | 壬 | 癸 | 甲 | 乙 |
| 午 | 未 | 申 | 酉 | 戌 | 亥 |

역행으로 대설까지 계산한 일자는 25일이며 25÷3 = 8이 되고 이어 25-24 = 1은 버리면 대운수는 8이 된다.

이 여자 아이는 7세까지 甲午 기운을 받다가 8세가 되면 乙亥 기운을 17세까지 받게 된다.


● 절입 날의 사례

절입 날 사주를 남, 여를 예로 들어 공부해보자.


2012년 5월 5일(양) 18:20 남자,

2012년 5월 5일이 입하가 들어오는 날로 시간은 11:19분이다. 이 남자아이 사주와 대운을 작성하면,


丁　丙　乙　壬　乾

酉　寅　巳　辰　命


60　50　40　30　20　10

辛　庚　己　戊　丁　丙

亥　戌　酉　申　未　午


이 남자아이는 양남음여로 순행하여 다음 입절인 망종(芒種 = 씨를 뿌려 한해의 농사가 시작됨)까지 계산하면 31일이다. 31÷3 = 10이 되고 31-30 = 1은 버리고 10이 대운이 된다.

부족한 오행이 없이 다 있다. 水生木 木生火로 생이 잘 이어 나가고 있으나 대체적으로 더운 사주이다.

1세부터 9세까지는 壬辰 기운을 받다가 10세부터 庚午 기운을 받는다.


위 같은 사주를 여자로 하여 공부한다.

이 여자아이는 음남양여로 역행하여 출생 시간 18:20분부터 立夏 절입 시간 11:19분까지는 7시간 1분 즉 하루(1일)가 되지 않고 0일이 되는데 0일은 1로 대운수를 정한다.

사주와 대운수를 작성하면,


丁　丙　乙　壬　坤

酉　寅　巳　辰　命


51　41　31　21　11　 1

己　庚　辛　壬　癸　甲

亥　子　丑　寅　卯　辰

위와 같이 절입 날 사주를 남,여 사례를 들어 대운수 산출 방법을 공부하였는데, 상대 사주의 출생시간은 분(分)까지 꼭 알아 내고 기록하여야 대운수를 정확히 찾아낼 수 있다.

# 11장

# 사주 8글자 구성의 위치명(位置名)과 특징

1. 사주 8글자(四柱八字)의 위치별 명칭과 그 역할

2. 사주 8글자의 각 명칭

3. 각 기둥의 역할

    가. 년주      나. 월주

    다. 일주      라. 시주

4. 천간, 지지의 음양관계

5. 천간과 지지의 역할

6. 사주에서 온도와 습도(濕度)를 본다

7. 사주를 좌우(左右)로 구분 할 때의 명칭과 역할

8. 사주를 음양으로 계속 구분하면 어떤 결과가 오는가

9. 사주 4기둥의 가족 관계

# 11장. 사주 8글자 구성의 위치명(位置名)과 특징

## 1. 사주 8글자(四柱八字)의 위치별 명칭과 그 역할

　　사주는 각 자리마다 명칭이 있는데 누가 어떤 인물이 앉아 있어야 그 사주 역할을 제대로 할 수 있는지 알아보는 것이 중요하다.

　　위치(位置), "자리 "또는 궁(宮)이라고도 표현 하는데 사주라는 것은 4개의 기둥인 천간과 지지를 합한 8 글자를 말한다. 그래서 천간 한 글자와 지지 한 글자만 가지고는 기둥이라고 할 수 없고 천간과 지지가 함께 있어야 기둥 주(柱) 자를 쓴다.

　　여기서 천간이 지지에 뿌리를 내려 튼튼히 서 있으면 합했다고 하며, 천간이 지지에 뿌리를 내리지 못하고 넌 너고, 난 나다 하는 경우가 있는데 이때에 그 해석은 달라진다.

## 2. 사주 8글자의 각 명칭

그 명칭은 천간(天干)에는 년간(年干), 월간(月干), 일간(日干), 시간(時干) 이라하고, 지지(地支)에는 년지(年支), 월지(月支), 일지(日支), 시지(時支) 라고 하는데 이 명칭이 각 본명(本名)이 되는 것이다.

|  | 시간 | 일간 | 월간 | 년간 |
|---|---|---|---|---|
| 천간 | 丁 | 丙 | 乙 | 甲 |
| 지지 | 卯 | 寅 | 丑 | 子 |
|  | 시지 | 일지 | 월지 | 년지 |
|  | **시주** | **일주** | **월주** | **년주** |

위 본명 중에서 제일 중요한 것은 일간("나" 이다)인데 일주(日柱) 또는 본명이라고 표현하며 본명이 무엇이냐고 할 때 丙火라고 한다. 이때 일주는 천간과 지지를 말하며 즉"丙寅"을 말한다.

## 3. 각 기둥의 역할

그러면 각 기둥의 역할과 어떤 인물이 그 자리에 앉고 있는지를 나무를 비유하여 공부해 보자.

### 가. 년주

년주는 나무뿌리에 해당한다. 뿌리(근 = 根)는 깊어야 흔들리지 않고 풍랑과 세파에 뽑히지 않는다. 나는 년주 에서 나왔다. 그래서 부모에 해당한다.

든든하고 훌륭한 부모는 좋은 환경에서 키워주고 좋은 교육을 받게하고 성장의 기틀을 마련해 준다.

### 나. 월주

월주는 묘(모苗)로 어린 싹에 해당하는데 우리가 초, 중, 고등, 대학교를 졸업하여 직장을 갖고 결혼을 전후할 때까지 즉 성장 과정을 말한다.

자리는 형과 누님에 해당한다.

### 다. 일주

일주는 꽃(花)이다. 30-50대로서 직장에서 가장 핵심적 역할을 하면서 일 하는 시기이다.

내 자리로서 "나"에 해당한다.

### 라. 시주

열매(實)다. 시주라는 것은 내가 뿌려 가꾸고 꽃을 피우게 하여 그 결과로 열매가 맺는다.

자식 자리다.

다시 정리하면 년주는 근(根), 월주는 묘(苗), 일주는 화(花), 시주는 실(實)이다. 그리고 년주는 부모자리, 월주는 형제자리, 일주는 내 자리이고, 시주는 자식 자리인데 막상 사주를 보게 되면 부모가 형제 자리 또는 자식 자리에, 자식이 형 자리에 있는 등 그 위치가 변경되어 나오는 경우가 많이 있다.


## 4. 천간, 지지의 음양관계

앞에서 음양관계를 공부 할 때 천간은 양의 성격을 가지고 있고 지지는 음의 성격을 가지고 있다고 언급한 바 있다.

천간의 역할은 정신적(精神的)이고, 선악의 행동 또는 각종 사업과 연관된 계획을 세우는 행위 등을 말하며, 지지의 역할은 물질적(物質的)이고, 천간에서 세운 각종 생각과 계획을 행동으로 실천하는 것을 말한다.

천간은 심(心)이고 지지는 신(身)이다. 심신단련(鍛鍊)을 위해 건전한 운동을 한다. 영육간의 건강을 빈다는 등 심신의 조화를 이루어야 건강을 유지 할 수가 있다.

남편은 천간이고, 부인은 지지다. 내외(內外)지간이다, 부부지간이다, 바깥양반, 안사람이라고 표현하여 천간과 지지는 서로가 필요한 존재이다.

## 5. 천간과 지지의 역할

● 천간(양)

그 사람의 외부(外部)로 드러나는 사회적 활동과 정신상태를 말한다.

월급을 받는 직장, 사업과 연관된 일체의 활동상태 즉 활동을 활발히 했는지 또는 한쪽으로 치우쳤는지도 점검해보는 자리이다.

공적(公的)인 일 또는 공개적(公開的)인 일은 다 드러내놓고 하는 일이고 공부하는 것도 여기에 해당된다. 그러므로 이 사람이 공과 사(지지에 해당)를 구별할 줄 아는 사람인지 판단을 요할 때는 천간과 지지를 보면 알 수가 있다.

공무원에 해당하는 공직과 판검사, 경찰, 군인 등 권력기관에 종사하는 인물은 명예(名譽)와 귀(貴)를 들어내는 것이고 자연 부(富)도 뒤따른다.

위 인물들은 자연 언론이나 방송으로 알려 지게 마련이고, "관(官)"이 천간에 있으면 중앙부서에서 근무하는 것을 말한다, 반대로 관이 지지에 있다면 지방에서 근무하는 것을 말한다.

교육기관에 종사도 명예직으로 천간에서 드러난다.

일반인에게 알려진 큰 회사(예: 삼성 등)에 근무하는 인물도 여기에 해당한다.

● 지지(음)

내부적(內部的)인 일과 활동이 안에 있거나 숨어 있는 것을 말한다. 가정생활, 가정에서 살림하고 일어나는 일 등 내부적인 활동 일체를 말한다. 더 나아가서 살림을 잘하는지 못하는지, 밖에서는 잘 하나 집에 들어오면 가정불화를 일으키는 사람을 보는 것이 지지이다.

돈과 부(富) 등 물질적인 것 과 숨겨 있는 문서(文書)나 비밀스러운 물건 등은 지지와 지장간에서 볼 수가 있다.

따라서 이러한 것을 끄집어 낼 줄 알아야 족집게라고 한다.

관이 지지에 있다는 것은 지방에서 근무를 하거나 계급(階級)에 차(差)이가 있는 것이다.


## 6. 사주에서 온도와 습도(濕度)를 본다

사람도 한 우주로 보고 온도의 변화와 습도의 상태를 보는데 천간에서 火가 있는지 즉 태양(丙)이 떠 있는지를 보고, 지지에는 물이 있는가를 살펴서 습도를 알아보아 몸이 건강을 유지하고 있는지를 파악하는 것이다.

이러한 이유는 지구에 있는 동 식물이 자라고 번식하려면 火와 水가 반드시 필요하다.

예로서 사람의 사주에 火가 많고 물(水)이 없거나, 너무 물만 많다면 문제가 있는 것이다. 사주에 火가 많아서 바싹 말라 있다면 나무를 심어도 자라지 못할 것이며, 겨울철 나무가 火가 없고 물만 너무 많으면 얼어서 죽게 되어 있다.

그래서 천간을 보면 火의 기운이 있는지 보고, 지지에는 水의 기운을 파악 하여 온도와 습도를 살펴야 한다.


## 7. 사주를 좌우(左右)로 구분할 때의 명칭과 역할

위에서 사주를 상하 개념인 천간과 지지의 공부였다면 여기서는 좌우로 구분하여 명칭과 성격을 알아본다.

우는 년주와 월주를 묶어 양이 되고, 좌는 일주와 시주를 묶어 음이 된다.

년주와 월주는 조부모, 부모, 형제 자리이고, 일주는 나와 처, 시주는 자식의 자리이다.

년 월은 양으로 겉으로 드러나 사회적이고 명예적(名譽的)인 것이다. 일시는 음으로 내부적(內部的)인 것으로 가정적이고 개인적인 것이며 실속이 있고 숨어있는 것을 보는 자리이다.

## 8. 사주를 음양으로 계속 구분하면 어떤 결과가 오는가

　　년월간(年月干)은 양이 2번이나 겹쳐 지극히 양의 속성을 갖고 있어 양중의 양으로 겉으로 드러나고 공개적인 자리이다.

　　반대로 일시지(日時支)는 음이 2번 겹쳐 음의 속성을 갖고 있어 내적이며 사적이고 비밀스러운 자리이다.

　　만약에 운에서 일지(日支)를 극했다면 내 개인적인 문제이며 배우자 자리이고 안방을 건드린 것으로 보면 된다.

　　아래 사주의 음양관계를 작성해 보면

| 좌 | | | 우 | | | |
|---|---|---|---|---|---|---|
| | 음 | | 양 | | | |
| 양 | 0 | 0 | 0 | 0 | 천간 | 양 |
| 음 | 0 | 0 | 0 | 0 | 지지 | 음 |
| | 시주 | 일주 | 월주 | 년주 | | |
| | 음 | | 양 | | | |

## 9. 사주 4기둥의 가족 관계

가족관계 자리와 직장에서의 자리를 자세하게 설명해 본다.

년주는 부모자리, 월주는 형제자리, 일주는 나와 처 자리, 시주는 자식과 손주 자리가 기본이다. 그런데 이러한 자리가 시대에 따라 변할 수도 있다. 그 옛날에는 3~4대가 모여 살기 때문에 년주가 조상, 조부모, 또 부모 자리가 되어왔다.

일주는 일지가 배우자 자리인데 이 자리는 년지, 월지, 시지와의 관계가 어떠하냐에 따라 우애, 해로(偕老)와 연관성이 있다. 또한 직장에서 상사와의 관계, 부하와의 관계 등을 알아낼 수가 있다.

시주는 자식 자리로서 지금은 대체적으로 2명씩 출산하는 것이 보통이나 옛날에는 평균적으로 4명 내지 5명 또는 7-9명을 출산한 바 있다.

가족과 직장의 자리를 정리하면,

년주에서 년간은 아버지 자리이고, 년지는 어머니 자리다. 직장은 회장 또는 사장 자리다.

월주에서 월간은 형의 자리이고, 월지는 누나 자리이다. 직장은 전무, 상무, 이사, 부장, 차장, 과장 등 자기의 바로 윗 상사의 자리다.

일주는 일간이 내 자리이고, 일지는 배우자 자리이다. 직장은 나의 현 직위 자리다.

시주는 시간이 아들 자리이고, 시지가 딸 자리다. 직장에서는 부하 직원 또는 종업원이 된다.

월주 자리에서 형이 2명이라면 큰형이 월간 자리이고, 작은 형의 자리는 월지이다. 누나만 2명이 있다면 월간 자리는 큰 누나가, 작은 누나는 월지가 된다.

일주에서 일지인 배우자 자리는 중요한데 남편이든 아내든 상의(相議) 해야 하며 허락을 받아야하는 자리다.

시주는 자신의 미래(未來)이고 목적과 종착지가 되어 중요하다.


위 자리들은 대운에서 또는 세운에서 합이나 충이 들어오면 변화되거나 예상치 못한 일도 발생 할 수가 있다.(합과 충은 다음 장에서 설명한다)


사주의 일생을 시기별로 보면,

현대에 와서는 수명이 길어지고 있다. 옛날에는 수명이 짧아 60에 환갑잔치 하는 것이 관습으로 되어 있으나 요즘은 의학의 발달로 100세까지 산다고 하여 "100세 시대"라는 용어를 쓰고 있다.

년주에서 월주까지는 아동기에서 청년기를 거쳐 장년 초까지를 말한다.(연령으로는 1세에서 30세 초반까지) 이 기간은 성장과 함께 학력을 쌓고, 직장 초년생으로 미래를 설계하고 대비하는 기간으로 본다.

월주에서 일주까지는 장년초기를 지나 인생의 중반기로서(30세 초반에서 50세 후반까지) 직장에서는 중요 요직을 맡거나 일을 가장 많이 할 때이며 자식을 낳고 기르며 교육을 지원하는 등 인생의 꼭지점에 가있는 시기이다.

일주에서 시주까지는 인생 중반기에서 노년기까지로(50세 후반부터 말년까지) 노년기 초까지는 직장을 가지고 있거나 은퇴를 하고, 그 이후는 순수 노년기이다.

현대의 노년은 건강하고 활력 있는 생활을 유지하기 위해 우선 동반자인 배우자의 건강 유지와 자신의 건강 등을 사주를 통해 사전에 알고, 대책을 강구하는 시기이다.

# 12장. 천간, 지지의 합(合)과 충(沖)

## 1. 전제

사주의 변화(變化)는 가지고 있는 오행 내(內)에서 서로 상생하느냐 또는 상극하고 있냐에 따라 변화가 온다는 것을 언급한 바 있다. 합과 충도 사주의 천간과 지지를 변화시키므로 운명을 예견(豫見)하는데 도움을 주고 있다. 예로서 나의 건강(健康)과 재산의 변동 등은 어떻게 변화하는지를 합과 충에서 읽어낼 수가 있다.

## 2. 천간의 합

### 가. 천간 합의 의미

서로 다른 오행이 정(情)을 가지고 합이 되는 것이다. 이 정이란 형제간의 정, 사제지간의 정, 친구지간의 정, 회사 상사와의 의리와 정 등을 말하며 여기서는 남녀 간의 정을 더 강조한다.

남녀 간의 정은 애정(愛情)으로 발전하여 부부가 된다. 이 부부는 음양으로 뭉치는 것이며 부부 합이라고 한다.

## 나. 천간 합의 종류, 성격, 변화(變化)

천간 합의 종류와 각 가지고 있는 성격 그리고 어떻게 변화하는지에 관해 알아본다.


● 종류

甲 + 己, 乙 + 庚, 丙 + 辛, 丁 + 壬, 戊 + 癸 등 5개의 음양오행의 합으로 구성되어 있다.


● 성격과 변화

천간은 합과 동시에 결혼하면 변화가 오는데 술을 먹거나 외박을 하던 습관이 집에 일찍 들어가거나 간섭을 받게 되고, 자식(子息)을 생산하는 등 양(陽)이 약해지는 변화가 오는 것이다.

● 甲己 합은 土로 변한다. 甲木은 인격과 도량이 있고 우두머리 격이고 己土는 고요하고 순진하여 덕이 있으며 甲木은 뿌리를 땅속에 내려야 살기 때문에 흙을 떠나서는 살 수가 없다. 중정지합(中正之合)이라고 하여 바르고 중심이 있어 만인의 존중을 받는 다는 의미가 있다.

● 乙庚 합은 金으로 변한다. 乙木은 어질고 부드러운 반면 나약하면서 애교가 있고 庚金은 굳건하고 강직하고 단단하다. 이합을 풍월지합(風月之合)이라고 하여 바람과 달의 은은함을 묘사하고 자연의 아름다움을 표현하고 있다.

● 丙辛 합은 水로 변한다. 丙火는 큰 불로서 태양에 비유되고 辛金은 차고 냉정하며 살생을 주관함으로서 이 합을 위제지합(威制之合)이라고 하는데 태양의 위세와 辛金의 권위가 합친 것으로 이 합을 가지고 있는 사람은 외모에 위엄이 있다.

● 丁壬 합은 木으로 변화한다. 丁火는 작은 불로서 하늘의 별, 등대 불, 전등불이며 壬水는 강물, 밤의 바다로 비유되는데 이 합을 음란지합(淫亂之合)이라고 하여 여자의 사주에 丁壬합이 있으면 남자의 꾀임에 쉽게 넘어 가거나 재혼을 하는 등 음란하다고 표현하나 남자는 사주가 잘 조화를 이루면 인자한 성품의 소유자로 보고 있다.

● 戊癸 합은 火로 변화한다. 戊土는 큰 산과 같고 癸水는 옹달샘, 하늘에 떠 있는 작은 구름으로 비유하여 마치 젊은 사람과 늙은 사람과의 합으로 무정지합(無情之合)으로 표현하여 정이 없는 합으로 보는데 戊癸合이 있는 사람은 화사하고 멋을 내거나 미남미녀형이 많다.


### 다. 천간 합에서 유의할 점

천간 합은 정신적이고 마음의 합이다.

정신적인 기운이 생산되는 것으로 丁壬합 할 때 나무가(木) 솟아나는 것이 아니라 木의 기운이 나오는 것이다.

천간 합은 무조건 합화(合化)하여 다른 오행으로 변화 하는 것이 아니기 때문에 주위의 천간 구성과 지지의 상황을 면밀히 살펴야 한다.

예로서 丁壬 합화 木이 나왔다 하여도 지지에서 巳酉丑 삼합이 있거나 申酉戌 방국으로 金局을 형성하고 있다면, 천간 합이 이루어졌다 하여도 가합(假合=거짓으로 합한 것)에 불과하며 합의 작용력을 상실한다. 그래서 천간 합도 월령(月令=月支, 일간이 월지에 뿌리를 내리거나 힘을 받는 것)을 얻었거나, 천간에 합화된 오행이 투출(透出=아래 설명 참조)할 때만 합의 작용력이 나타나고(眞合), 합화(合化)되는 오행으로 변하는 것이다.

남녀가 사랑을 하는데 부모의 지원을 받고 친구의 축복이 있다면 사랑은 발전하여 결혼까지 갈 수 있겠으나, 부모의 지원이 없고 친구로부터 방해를 받는다면 그 결혼은 성사될 수가 없다는 것과 같은 이치이다.

* 투출이란 지지에 있는 글자가 천간에 있는 것. 예로 일간이 癸水라고 하면 지지에 癸水를 가지고 있는 辰月이 있을 때 투출을 했다고 한다. 이때 일간이 壬水라면 투출이라고 하지 않는다.

## 3. 천간의 충

### 가. 천간 충의 의미

천간 간(間)의 충은 길흉(吉凶)의 영향력이 미약하나, 충이 올 때는 모든 면에 적극적이고 과감하게 행동하며 성패의 결정이 빠르다.

* 하늘에는 동서남북 방향이 없고, 4철이 없고, 또 시간이 없다. 그래서 여기서 일어나는 충이므로 결정적 타격을 주지 않는다.

그러나 일간을 충하는 것은 영향력이 있다. 예로서 甲木이 일간인데 庚金이 옆에 있거나, 대운이나 세운에서 온다면 영향을 미친다. 반대로 庚金이 일간인데 甲木이 옆에 있거나 하면 충은 하되 타격은 적다. 이렇게 일간을 충하고 극하는 오행을 칠살(七殺=나로부터 7번째 오는 오행)이라고 한다.

같은 양끼리 같은 음끼리의 충은 음양끼리의 충보다는 그 농도가 높다. 음양끼리는 서로 충하고 극하다가 정이 들고 합을 이루는 경우를 보았다.

## 나. 천간 충의 종류

● 같은 양끼리 같은 음끼리의 충

甲 庚 = 충, 乙 辛 = 충, 丙 壬 = 충, 丁 癸 = 충, 戊 己 = 충(이 충은 라이벌이 많아 경쟁이 심하고 정서가 불안하다)이 있다.

● 음양끼리의 충

甲 己 = 木剋土, 乙 庚 = 金剋木, 丙 辛 = 火剋金, 丁 壬 = 水剋火, 戊 癸 = 土剋水 이상은 상극 관계인데, 서로 극을 하면서

끌어당기는 힘에 의해 애정이 생기고 합으로 가는 경우이다.

위와 같이 천간에는 2종류의 충 내지는 극의 종류가 있다.


## 4. 지지의 합

### 가. 지지의 합 의미

지지의 합은 땅에서 일어나는 합으로 공개적이기보다는 은밀하며 비밀스럽고, 합을 하면 변화가 다양하며 미치는 영향도 크다.

이합은 삼합(三合)과 육합(六合), 방합(方合)의 3종류가 있다.

삼합은 각기 다른 3개의 오행이 뭉쳐 있는 것이고,

육합은 2개의 오행이 뭉쳐 6개가 있어 육합이라고 한다.

방합은 동서남북의 방위에서 같은 방향끼리 모여있는 오행을 말한다. 삼합과 육합은 화(化)하는 의미가 있으나, 방합은 그런 의미가 없다.


### 나. 각 합의 성격과 구성

1) 삼합

● 성격 : 목적이 같거나 뜻이 같아서 뭉친 것을 말하는데 예로서 경제계, 정치계, 문화계, 정보화 시대의 IT계 등 다양한 사회적 결합을 의미 하며 종적(縱的) 개념의 합을 말한다.

삼합은 결속력이 강하며, 삼합이 있는 사람은 사회적 활동을 잘하게 되어 있고, 힘을 받아서 일도 잘 풀린다.

따라서 왕(旺)과 쇠(衰)를 읽어 낼 수 있고, 궁합을 볼 때도 이용하는데 이는 4살 차이에서 합이 이루어지기 때문이다.

● 구성 : 12지지 중에서 4번째 지지와 만나서 삼합을 구성한다.

\*      \*      \*

子丑寅卯 辰巳午未 申酉戌亥

위 子에서 보면 4번째가 辰이고 이어 또 4번째가 申이 된다.

구성과 합화(合化)는

- 寅午戌 합은 火局의 목적을 두고 뭉친 것이며
- 亥卯未 합은 木局의 목적을 두고 뭉치고
- 巳酉丑 합은 金局의 목적을 두고 뭉친 것이며
- 申子辰 합은 水局을 목적으로 뭉친 것이다.

\* 국재(局字)는 여럿이 합쳤다는 의미이다.

삼합이 뭉친 것을 보면 중간에 지지가 모두 왕지(旺地)로 되어 있고, 또한 구성하고 있는 오행의 지장간이 왕지에 맞추어 같은 오행을 갖고 있다. 예로서 寅午戌의 寅의 지장간은 戊丙甲인데 천간 丙火를 가지고 있고, 戌의 지장간은 辛丁戊로서 천간 丁火를 가지고 있어 모두 火가 있는 공통점이 있고 이중 午火(丙己丁)가 가장 火가 많아 중심세력을 이루고 있다.

삼합 중 왕지가 빠져 있는 경우에는 삼합이라고 볼 수 없으며, 이때 지지에 없는 왕지가 천간에 같은 오행이 있다면 삼합이라 볼 수 있다. 예로서 지지에 巳火와 丑土만 있고 酉金이 없는데 천간에 같은 오행인 辛金이 있다면 巳酉丑의 삼합을 이루었다고 본다.

巳酉 또는 酉丑 등의 경우에는 반합이라고 한다.

이러한 삼합의 구성은 일주와의 관계를 보아야 하며 특히 일간을 극하지 말아야 하며 사주 전체를 해(害)하지 말아야 한다.


2) 육합(六合)

● 의미

육합의 이론은 지구가 자전과 공전을 하면서 태양과 합치되는 지역으로서 이 지역은 지구 위도(緯度)상 동서로 마주보고 있는 음양의 지지가 합을 하고 있는 지대(地帶)이고, 이 합의 지대는 지지가 가지고 있는 방위(方位)로 볼 때 북극에서 남인 적도(赤道)까지의 지역을 말한다.(참고 : 적도이하인 호주, 뉴질랜드, 중남미등의 국가와 지역은 명리학의 해당 지역이 아님) 따라서 12개 지지를 2개씩 음양의 짝을 지어 6개를 구성 한 것이 육합이다. 이 음양의 합은 천간합과 같이 화(化)로 이어져 다른 오행을 생산한다.

이합의 성격은 천간합 처럼 공적(公的)인 애정의 합으로 결혼으로 연결 되는 것이 아니고, 사적(私的)인 애정 합으로 간섭을 받거나 묶여 있고, 지지에 육합이 있으면 위치에 따라 내가(日干) 부모, 형제, 자식 간에 좋은 인연을 갖고 있는 것이다.


● 구성과 합의 내용
　(1) 구성

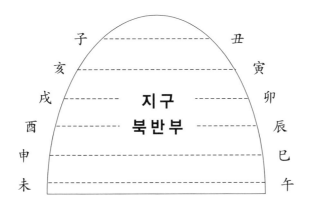

　위 도표는 북쪽 추운 곳에서 남쪽 더운 적도에 까지 같은 위도 상에 있는 음양 지지의 합의 도표이다.


　(2) 육합의 구성과 내용
　- 子丑 합화는 북극 추운지역(노르웨이 북쪽, 알라스카 북쪽)의 합으로 여름에는 土로, 겨울에는 얼음(水)로 변하여 겨울이 길어 水의 성질이 더 강하다.
　- 寅亥 합화는 역시 추운지역으로 木으로 변하는데 亥水의

지장간에 木이 저장되어 있어 水生木으로 변한다고 볼 수 있다.

－ 卯戌 합화는 火로 변한다. 온대지역(한반도)으로 지장간에서 木生火로 변할 수 있다.

－ 辰酉 합화는 金으로 변한다. 습하고 더운 지대(상해, 대만, 인도 중부)로 辰土의 습한 土가 金을 생하여주는 격이다.

－ 巳申 합화는 水 또는 金으로 변한다. 열대지방(태국, 베트남)으로 무엇이든 녹일 수 있는 환경이며, 金으로 변한다는 것은 巳火 지장간에 戊庚丙이 있고 申金은 戊壬庚을 배열하였는데 巳申합이 金을 생산하려면 火剋金하여 철광석을 제련(製鍊)한다. 이때 불(火)과 물(水)이 있어야 한다는 이론이 성립된다.

－ 午未 합화는 火 또는 土로 변한다. 적도지역으로 이글이글 타오르는 지대로 불(火) 아니면 땅(土) 밖에 남지 않는 곳이다.


3) 방합(方合)

● 의미

지지가 가지고 있는 방위 동서남북에서 같은 방향으로 모여 있는 지지를 말한다. 방합은 삼합이나 육합처럼 합하면 화(化)는 되지 않고, 세력의 모임으로 하던 일이나 사업이 힘을 받게 되는 것이다.

● 구성

북방(北方) : 亥子丑

동방(東方) : 寅卯辰

남방(南方) : 巳午未

244

서방(西方) : 申酉戌 이다.

여기서도 왕지인 子卯午酉가 빠지면 방합 으로 보지 않는다.

## 5. 지지의 충(沖), 형(刑), 파(破), 해(害), 원진(元嗔또는 怨嗔)

### 가. 충(또는 相沖)

● 의미

충은 정면으로 부딪치거나 충돌하여 본래의 모습이 아니고 변(變)하는 것을 말한다.

특히 월지(月支)와 충돌할 때는 월지가 자신의 활동 무대이므로 회사를 옮긴다던지 또는 같은 회사 내에서 다른 부서로 옮기는 변화가 오고, 또한 월지는 자신의 집이 되는데 이때는 이사를 가거나 다른 곳으로 옮기는 변화가 온다.

충을 부정적인 면과 긍정적인 면으로 정리하면,

부정적인 면은 가만있는데도 수동적으로 움직이고 이동하여 변화가 온다.

그릇이 깨지면 조각이 나고 분리가 되는 것과 같이 이별이 된다. 분발(奮發)한다. 성질이 나서 폭발한다. 더 나아가 작살내어 파멸한다.

긍정적인 면은 자극제 역할을 한다. 안 팔리던 부동산이나 집이 팔린다. 옮기고 싶은 직장으로 이동 할 수가 있다.

● 충의 종류

충은 지지에서 6번째 만나면 충이 된다.

子午 충, 丑未 충, 寅申 충, 卯酉 충, 辰戌 충, 巳亥 충 6개의 종류다.

寅申巳亥 충은 생지(生支)이고, 子午卯酉 충은 왕지(旺支)이다. 辰戌丑未 충은 고지(庫支)이다.


위와 같이 합과 충을 공부하였는데 합이라고 다 좋은 것은 아니고, 또 충이라고 다 나쁜 것이 아니며 그때그때 사주의 상황을 잘 보아야 한다.


## 나. 형(刑)

● 의미

형도 충돌하고 깨뜨리고 무너뜨린다.

상대에게 잘해도 배은망덕으로 당하기도 한다.

법을 공부하여 법관(法官)이 된다는 의미가 있고, 형사(刑事)적인 문제가 발생 할 수도 있다.

헤어지거나 이혼한다. 성질이 나서 포악성을 부리는 경향이 있다. 잔인하고 냉정하다.

의지가 박약해서 독립심이 결핍되어 있다.

● 형의 종류

(1)子卯 형, (2)丑戌 형, (3)寅巳 형, (4)辰辰 형, (5)巳申 형, (6)午午 형, (7)未午 형, (8)申寅 형, (9)酉酉 형, (10)戌未 형, (11)亥亥 형  이상 11가지 형 외에,

● 寅巳申 형 : 사주에 이 형이 있으면 법을 공부하여 법관이 되어 권세를 얻거나, 다른 관직(官職)을 얻는다. 여기에 건록(建祿 = 일간과 월지가 같은 오행이고 음양이 같을 때, 예 : 甲日干에 寅月支)이 있으면 출세하여 권세를 얻는다. 그러나 권세를 믿고 무모한 짓을 하면 곤욕을 치를 수도 있다.

그렇지 않은 경우 이 형이 있거나, 대운 또는 세운에서 들어오면 형사(刑事)적인 사건이 발생하거나 대개 이혼 수로 가는 경우가 있다.

● 丑戌未 형 : 이 형이 있으면 남에게 잘 해도 배은망덕으로 돌아온다. 일간이 사(死), 절(絶)(십이 운성은 별항에서 설명)에 놓이면 자신도 은혜를 원수로 갚고 항시 반역할 마음을 갖고 있다. 부부 중 한명이 이 형이 있을 때에는 이혼으로 가기 쉽고, 그렇지 않으면 여자가 이 형이 있을 때에는 임신 중 어려움이 생길 수도 있다.

● 子卯 형 : 이 형이 있는 사람은 한번 성질이 나면 예의를 불문하고 포악성을 부리는 경우가 있고 잔인하고 냉정할 수가 있다. 이형이 있고 일간이 死, 絶에 놓이게 되면 심사가 비뚤어지고 포악성을 부린다. 여자가 이 형이 있으면 남편과 자식 복이 없

을 수가 있다.

● 辰. 午. 酉. 亥 형 : 辰은 辰끼리 서로 마주치고, 午는 午
끼리, 나머지 酉와 亥도 같은 지지끼리 마주치는 경우는 의지가 박
약하고 독립심이 결핍되어 있다. 이 역시 일간이 死, 絶에 놓이면
생각이 모자라고 천박한데 심한 경우는 불구자가 되는 경우가 있다.

위와 같이 형의 종류는 11가지 외에 4가지 특수 형이 더 있
는데 참고하여 활용하기 바란다.


### 다. 破(파)

● 의미

파괴의 성질이 있다.

년지, 월지에 파가 있을 때에는 조상이나 부모의 유산을
지키지 못하거나 유산이 없어 고향에서 멀리 떠나가 산다.

일지에서 만나면 고독하고, 처자식과 인연이 박하다.

시지에 있으면 병약한 자식을 두는 수도 있다. 그러나 이 모
두가 해당되지 않으면 말년에 재산을 탕진할 수도 있다.


● 파의 종류

(1)子酉 파, (2)丑辰 파, (3)寅亥 파, (4)卯午 파, (5)巳申 파,
(6)戌未 파 이상 6가지 종류가 있다.

## 라. 해(害)

● 의미

서로 만나면 해친다.

사주에서 월지와 일지가 해로 만나면 고독하고 박복하다. 여자인 경우 고독하다. 일과 시가 해로 되어 있으면 자식 복이 적거나 질병으로 고생 할 수도 있다.

일시가 酉와 戌이 만나면 자식이 질환으로 고생 할 수가 있다. 또한 사주에 寅巳가 마주하면 해도 되고 형도 되어 각별히 조심해야 한다.

● 해의 종류

(1)子未 해, (2)丑午 해, (3)寅巳 해, (4)卯辰 해, (5)申亥 해, (6)酉戌 해. 이상 6가지 종류가 있다.

## 마. 원진(元嗔)

● 의미

일지와 년지가 원진이면 조상과의 인연이 박하여 조상으로부터 상속이 없거나 있어도 모두 탕진한다.

일지와 월지가 원진이면 부모의 덕이 없거나 떨어져 산다.

시지가 원진이면 자식과의 관계가 좋지 못하거나 인연이 박한 것으로 보고 있다.

● 원진의 종류

(1)子未 원진, (2)丑午 원진, (3)寅酉 원진, (4)卯申 원진,

(5)辰亥 원진, (6)巳戌 원진 이상 6개 종류이다.


상기 살(殺)중 형, 파 ,해, 원진은 오늘날 시대변천에 따라
무시하여도 좋다. 이는 생극제화(生剋制化, 사주용어 해설참조)의
논리에도 부합되지 않다고 보기 때문이다. 통변할 때 혹 문제가
있을 시에만 참고하기 바란다.

# 13장

# 육신(六神)

# 13장. 육신(六神)

이장에서는 사주를 본격적으로 분석하고 통변하는데 핵심이 되는 육신을 공부한다.

이 육신을 통해 그 사람의 성격과 능력, 미래 등을 관찰하며 사주 8자 중 7개의 육신이 그 사람하고 상생하여 발전하느냐 또는 상극하여 미래를 방해하고 있느냐 등의 동태를 파악해 보는 것이다.

## 1. 육신의 의의(意義)

육신이란 오행을 음양으로 나누어 우리가 살아가는데 필요한 정신적, 육체적 및 물질적인 면과 욕망을 신(神)과 성(星)을 붙여서 만든 것으로 십신(十神) 또는 십성(十星)으로 표현한다.

이 육신은 일간을 중심으로 하고 나머지 7글자의 천간과 지지에 대입(代入)하여 육신이 가지고 있는 음양오행을 통해 한 인간의 일생을 과거, 현재, 미래로 나누어 관찰해 보는 것이다.

따라서 사주팔자에서 가장 핵심적인 역할(役割)을 하는 것이 육신이다.

육신은 음양오행, 십간십이지(十干十二支), 상생상극을 기반으로 하고 본격적인 운명 추리(推理)를 공부함으로써 본론(本論)에 들어가는 것이라 할 수 있겠다.

## 2. 육신을 통해보는 관찰 사항(事項)

일간과 7개의 글자가 가지고 있는 천간과 지지의 관계와 활동을 점검하고 상생관계인지 상극관계인지 또는 친구인지 적인지도 살피고, 여기서 육신은 육친(六親)관계도 동시에 알 수가 있는데, 즉 나를 포함 부모, 처, 자식을 알 수 있을 뿐만이 아니라 그들과의 관계 상황(狀況)과 동향도 파악할 수가 있다.

육신을 통해서 그 사람의 정신력과 재물 상태를 살피고, 살아가는 방식과 행동, 직장관계, 명예, 사회활동, 미래 지향과 목표 등을 분석 하고 관찰해보는 것이다.

육신은 일간의 운로(運路)에서 만나는 대운, 세운, 월운, 일진과의 관계도 사주와 마찬가지로 응용하여 변화를 분석하고 미치는 영향을 점검할 수가 있다.

따라서 이 육신을 잘 해석 할 줄 알아야 추리(推理)하는데 도움을 주고, 사주를 잘 보느냐 또는 못 보느냐 차이점이 있는 것이다.

## 3. 육신의 종류(十神의 종류)

### 가. 종류

(1) 비견(比肩), 겁재(劫財). (2) 식신(食神), 상관(傷官)

(3) 편재(偏財), 정재(正財). (4) 편관(偏官), 정관(正官)

(5) 편인(偏印), 정인(正印)으로 십성(十星) 이라고도 한다.

여기서 비견과 겁재를 비겁(比劫)이라 하고, 식신과 상관을 식상(食傷), 편재와 정재를 재성(財星), 편관과 정관을 관성(官星), 편인과 정인을 인성(印星)으로 통칭하고 있다.

### 나. 정(正)과 편(偏)으로 나눔

정 : 비견, 식신, 정재, 정관, 정인

편 : 겁재, 상관, 편재, 편관, 편인으로 나눈다.

## 다. 정과 편이란

"정"이란 음·양 어느 한쪽으로 치우치지 않고 바르다는 의미가 있으며, "편"이란 음·양중 한쪽으로 치우쳐 편중(偏重)된 것을 말한다. 육신에서 정과 편은 많이 쓰는 용어로서 이해를 돕기 위해 좀 더 설명한다.

● 정(正)이란

정은 바르다. 부정을 바로 잡다. 어떠한 일이든 합법적(合法的)으로 일을 처리 한다고 하여 "합법 정(正)"의 뜻이 있다. 따라서 뒷거래(去來)를 하는 일 없이 공적(公的)인 개념을 가지고 공식적(公式的)으로 한다고 하여 "공식 정"으로 해석한다.

공정성(公正性)을 유지하고 변함없는 모습을 보인다고 하여 "항상(恒常) 정"으로 쓴다.

육신에서 정자(正字)가 있으면 냉정하지 않고 다정다감하다는 뜻이 있어 "다정(多情)할 정" 또는 "유정(有情)할 정"으로 분류한다. 적당하다, 적절(適切)하다 하여 "적절한 정"으로도 표현한다.

위와 같이 일간과 대비해서 음과 양이 잘 배합(配合)되어 있는 것을 정이라고 한다.

● 편(偏)이란

음양의 조화(調和 = 造和)를 이루지 못하고, 또 음양의 배합을 이루지 못하고 한쪽으로 치우쳐 있다고 하여 "치우칠 편"으로 본다. 생각이 한쪽으로 몰려 있는 것. 문제를 일으킬 소지가 있다는 것이며 상황(狀況)에 따라서 변화를 일으킨다고 하여 "상황 편".

예상치 않던 돈이 생기거나, 계획에 없던 일이 발생하여 "갑자기 편". 만약에 올해 운에서 "편" 자가 들어오면 갑자기 일이 발생 한다 이때에 "갑자기 편" 이 된다.

불법적(不法的)으로 또는 교묘하게 쓰거나 이용하려는 행위를 "편법(便法) 편" 이라고 한다.

공무적(公務的)인 일에 절차(節次)를 밟지 않고 무시하여 비공식적(非公式的)으로 절차를 수행한다고 하여 "비공식 편".

무정(無情)하고 냉정(冷情)하다고 하여 "무정할 편".

부적절(不適切)한 관계, 또는 부적절 행위를 할 때 "부적절 편" 으로 표현한다.

편재(偏財)는 재물인데 공식적으로 노동을 해서 들어온 수입이 아니고 편법(便法)으로 벌어들인 돈. 갑자기 생긴 돈. 비공식적으로 들어온 돈. 또는 뇌물(賂物)로서 부적절한 재물을 의미하여 대가(對價)를 바라는 무정(無情)한 돈, 재물이다. 커미션(Take a commission)을 받다.


## 4. 각 육신이 가지고 있는 뜻

### 가. 육신의 신(神)과 성(星)

육신은 신과 성을 쓰고 있는데 신은 귀신 "신" 외에 마음 신, 정신 신, 일 신, 활동 신이 있고, 이에 따라 6가지 마음, 6가지 정신, 6가지의 일, 6가지의 활동으로 구분하여 분석해 본다.

성도 별 "성(星 = Star)" 외에 마음성, 정신성, 일성, 활동성으로 분류하여 보면 이해하는데 큰 도움이 된다.

육신(육성)의 명칭을 다시 소개하고 가지고 있는 의미와 마음, 정신, 일, 활동성의 뜻을 설명한다.

    (1) 比劫星

    (2) 食傷星

    (3) 財星

    (4) 官星

    (5) 印星

## 나. 각 성(신)의 의미

여기서 각 성이 가지고 있는 다양한 뜻을 소개하니 통변에 활용하기 바란다.

1) 비겁성(比劫星=比肩, 劫財)

● 비(比)

(1)비슷할 비, (2)같은 비, (3)견줄 비, (4)비교할 비, (5)친하다 비, (6)따르다 비, (7)뭉칠 비, (8)도울 비, (9)나눌 비, (10)견딜 비, (11)경쟁할 비, (12)마음에 있는 비 등이다.

● 견(肩)

(1)어깨 견, (2)고통을 분담하는 견, (3)사이 견, (4)계급 견 (군인, 경찰의 견장), (5)또래 견, (6)등급 견, (7)오십 견, (8)일간 하고 희생 할 수 있는 견 등이다.


● 겁재(劫財)

거(去) : (1)가다, 떠나다, 읽다 읽어버리다, 배반하다

去+力=劫 : (힘력 자(字)가 들어가므로, 강제성이 있다). (1) 빼앗을 겁, (2)빼앗길 겁, (3)강제성이 있는 겁, (4)승부욕으로 승리할 겁(또는 경쟁 겁), 씹는 사람이 따라 다니는 겁, (5)실패를 해야 다시 일어나는 겁(인고의 세월을 거쳐 성공 하는 경우를 의미한다), (6)견디어 내는 겁, (7)겁(劫)은 좋은 뜻이 들어 있지 않고 무엇인가 강제성이 있고 불법적이며 자기 멋 데로 하는 행위를 말한다.

패(貝) : 조개패로서 옛날 화폐로 유통하던 조가비, 돈을 의미.

재(才) : 재주 재, 재주가 있는 사람.

貝+才=재(財)는 재물재로서 재성에서 설명 한다.

따라서 겁재는 위 겁 외에도 나의 재물을 빼앗기는 것 또는 타인의 재물을 빼앗아 오는 것을 말한다.


2) 식상성(食傷星=食神과 傷官이 있다)

식상의 의미는 자기가 능동적으로 하는 행위로서 지식을 전

달하여 표현하고 활동하며 베풀 줄 안다는 의미가 있다.


● 식신(食神)

식(食) : (1)밥식, (2)수명(壽命)식, (3)복과 덕이 있는 식, (4)의식주 식(여기서는 입고, 거주하고, 먹는 것이 보장 될 수 있다는 의미가 있다), (5)돈 만드는 재테크 식(재능이 있다는 뜻), (6)베풀 식, (7)표현 할 줄 아는 식, (8)재주가 있는 식, (9)자식 식(자식을 기를 수 있는 식=양육을 할 수 있는 식), (10)살(殺)로부터 나를 보호 해주는 식, (11)이로울 식, (12)보호 해 주는 식 등을 말한다.


● 상관(傷官)

상(傷) : (1)다칠 상, (2)파극(破剋) 및 파괴(破壞)할 상, (3)잘 키워 놓은 것을 꺽 을 상, (4)작살내는 상, (5)벌 상, (6)상하게 할 상, (7)상처 상, (8)자기도 상처를 입고 상대에게도 상처를 주는 상, (9)무시할 상, (10)부정할 상, (11)감정 상, (12)홀로 상, (13)독립적으로 살아가는 상(주로 女性), (14)근심할 문제가 발생할 상, (15)모든 것을 동원(all in)하여 하는 상, (16)자식(子息) 상 등을 들 수 있겠으며, 상관은 관(官)을 상하게 한다.

관(官) : 벼슬 관, 명예 관으로 관성(官星)에서 설명한다.


3) 재성(財星 = 偏財와 正財가 있다)

(1)재물 재, (2)일재, (3)활동 재, (4)능력 재, (5)재주 재,

(6)건강 재, (7)현실성이 있고 마무리 하는 재(결론을 내린다, 재가 없으면 마무리를 못한다), (8)시장(市場) 재, (9)공간이나 영역(領域)을 확보하는 재(공간 재), (10)남편에게 내조를 하는 재, (11)부하(部下) 재, (12)신도(信徒) 재, (13)자기 주도적인 재, (14)처를 지칭하는 재, 여자 재, (15)재물은 사람을 웃게 하고 울게 한다, 그리고 재물로 인해 살인 사건도 발생한다. 재물은 사주의 핵심(核心)이라 할 수 있다.

정재 격(正財 格)은 정직하고 근면하고 성실하며 신용이 있고, 안전성을 추구 하고 함부로 행동하지 않는다.


4) 관성(官星 = 偏官, 正官)

(1)벼슬 관, (2)명예 관, (3)직장 관, (4)직책 관, (5)자리 관(직책이 없어도 자리는 있다는 뜻), (6)책임 관, (7)원칙 관, (8)관청 관, (9)법 관, (10)통제 관, (11)조절 관, (12)굴레 관, (13)멍에 관, (14)여자에게는 남편 관, (15)남자에게는 아들 관, (16)애증이 교차하는 관 등인데 관성이 꺼리고 견제(牽制) 받는 것은 상관(傷官)이다. 상관은 정관(正官)만 보면 깨버린다.


5) 인수(印綬) 또는 인성(印星 = 偏印, 正印)

● 인(印) : (1)도장 인, (2)부모 인(어머니를 더 강조하고 있다), (3)윗사람 인, (4)스승 인, (5)멘토(Mentor) 인, (6)중심을 잡아 주는 인, (7)신앙 인(종교와 연관), 귀인 인, (8)공부 인, (9)실

력 인, (10)문서 인, (11)미래 인, (12)계획 인, (13)설계 인, (14)
졸업장 인(각종 라이선스 취득한 증서), (15)학문 인, (16)집문서
인, 등인데 인성은 모든 육신을 조절 해 주고 통제하고 안정을 시
켜 준다.

● 수(綬) : 실을 땋은 끈, 직인(職印)을 허리에 차는데 쓰는
끈 자인데, 이어가는 것, 전통 가문을 계승 하는 인화력 등이다.
의미하는 내용은 (1)받을 수(受), (2)줄 수(授), (3)지킬 수(守 = 상
(傷)으로부터 지켜 주거나 보호 해 준다, 관(官)으로 부터 당할 때
지켜 준다), (4)정신이나 마음을 닦을 수(修=신앙을 갖거나 수양을
하여 정신과 마음을 맑게 하여 인격을 도야(陶冶)시킨다).

위와 같이 육성(六星 = 六神)이 가지고 있는 다양한 의미를
소개하였다.


## 5. 육신의 표출(表出) 방법

### 가. 방법

육신의 표출 방법이란 일간을 기준하여 육신을 찾아내어 나
머지 7자에다 표출(대입)하는 것이다.

그 방법은 일간과 (1)상생(相生)관계냐, (2)상극(相剋)관계냐,
(3)비화(比和)관계냐 그리고 (4)같은 음이냐 아니냐, 같은 양이냐

아니냐를 구별하여 해당되는 육신을 표출한다.

예로써 내가(日干) 甲木(양)이라고 한다면,

● 나와 같은 오행인 양木인 甲木이나 寅木을 만날 때는 비견(比肩)이라고 하는데, 음木인 乙木 이나 卯木을 만나면 겁재(劫財)라고 한다.

● 내가 생(生)하는 양의 오행인 丙火나 巳火를 만나면 식신(食神)이 되고, 음의 오행인 丁火나 午火를 만나면 상관(傷官)이 된다.

● 내가 극(剋)하는 양의 오행인 戊土, 辰土, 戌土를 만나면 편재가 되고, 음의 오행인 己土나 丑土, 未土를 만나면 정재(正財)가 된다.

● 내가 극을 받는 양의 오행인 庚金, 申金을 만나면 편관(偏官)이 되고, 음의 오행인 辛金이나 酉金을 만나면 정관(正官)이 된다.

● 내가 생을 받는 양의 오행인 壬水나 亥水를 만나면 편인(偏印)이 되고, 음의 오행인 癸水나 子水를 만나면 정인(正印)이 된다.

상기 예를 乙木이나 기타 오행을 가지고도 연습을 해 볼 수 있겠다.


### 나. 표출의 주의할 점

앞에서도 언급한 바 있는데 亥子水 와 巳午火는 체(體)와 용(用)에서 음과 양에 따라 다르다. 즉,

亥水는 음水이지만 양水 역할을 하고

子水는 양水이나 음水 역할을 한다.

巳火는 음火이지만 양火 역할을 하고

午火는 양火이지만 음火로 사용한다.

그래서 亥水는 천간의 壬水로 보고, 子水는 천간의 癸水로 巳火는 음火이지만 丙火로, 午火는 丁火로 체(體)를 바꾸어 사용하니 착오 없기 바란다.

### 다. 육신의 표출(表出)표와 대입 방법 설명

육신을 사주에 대입하는 방법을 소개하는데 이를 육신의 표출 표라고 하며 반드시 일간(日干)을 기준으로 작성한다.

- 일간과 오행이 같고 음 또는 양이 같으면 비견이라고 한다.
- 일간과 오행이 같으나 음 또는 양이 다르면 겁재라고 한다.
- 일간이 생하는 오행으로 음 또는 양이 같으면 식신이라 한다.
- 일간이 생하는 오행으로 음 또는 양이 다르면 상관이라 한다.
- 일간이 극하는 오행으로 음 또는 양이 같으면 편재라고 한다.
- 일간이 극하는 오행으로 음 또는 양이 다르면 정재라고 한다.
- 일간을 극하는 오행으로 음 또는 양이 같으면 편관이라 한다.
- 일간을 극하는 오행으로 음 또는 양이 다르면 정관이라 한다.
- 일간을 생하는 오행으로 음 또는 양이 같으면 편인이라 한다.
- 일간을 생하는 오행으로 음 또는 양이 다르면 정인이라 한다.

위 표출 표를 한자(漢字)로 표시하여 육신의 대입 방법을 아래서 예를 들어 설명해 본다.

● 아비자(我比者) − "나의 형제나 친구"는 비겁(比劫)이다.

  ● 비견(比肩) : 음양이 같은 것. 비견은 나하고 같다고 하여 "같은 比"를 사용한다. 예를 들어 일간이 丙火(양)라고 하면 천간에서 같은 양인 丙火와 지지에서 巳火가 형제자매이며 또한 친구이다. 일간이 丁火(음)라면 천간에서 같은 음인 丁火와 지지에서 午火가 형제자매이고, 친구이다.

  ● 겁재(劫財) : 음양이 다른 것. 겁재란 형제나 친구로부터 재물을 빼앗긴다. 잃어버린다. 빼앗아 온다는 뜻이 있다. 일간 丙火가 음양이 다른 丁火와 지지에서 午火를 만나면 형제자매요 친구인데 겁재가 된다. 또한 일간 丁火(음)가 음양이 다른 丙火와 지지에서 巳火를 만나면 형제자매요 친구인데 겁재가 된다.

● 아생자(我生者) − "내가 낳은 것"은 식상성(食傷星)이다.

  ● 식신(食神) : 음양이 같은 것. 식신은 내가 낳은 자식이고, 내가 돌보고 교육시켜야 하는 자식이다. 예로 일간이 丙火(양)라고 한다면 火生土로 丙火가 생하고 자식이 되는 오행은 같은 양인 戊土와 지지에는 辰土, 戌土가 식신이 된다. 또한 일간 丁火(음)가 생하고 자식이 되는 오행은 음양이 같은 己土이고 지지에서 丑土, 未土가 식신이다.

● 상관(傷官) : 음양이 다른 것. 상관은 내가 낳은 자식이나 관(官에 종사하는 사람, 여자는 남편이 된다)을 상하게 한다.

일간 丙火가 생하여주는 자식은 음양이 다른 己土이고 지지에서 丑土, 未土가 상관이 된다. 또한 일간 丁火가 생하는 자식은 음양이 다른 戊土이고 지지에선 辰土, 戌土가 상관이다.


● 아극자(我剋者) − "내가 극하는 것"은 재성(財星)이다.

내가 극한다는 뜻은 상대를 정신적(精神的)으로 또는 육체적(肉體的)으로 꼼짝 못하게 하여 이기거나 또는 노력하여 재물을 취하는 것이고 또한 재(財)는 부인(婦人)이나 여성을 말한다.

● 편재(偏財) : 음양이 같은 것. 편재란 "편(偏)"은 어느 한쪽으로 치우치거나 무정하고 비합법적 이라는 뜻이다. 예로 일간 戊土(양)가 극하는 것은 土剋水로 水가 재성이 되는데 같은 양인 壬水와 지지에선 亥水가 편재이다. 또한 일간 己土(음)가 극하는 것은 같은 음인 癸水이고 지지에선 子水가 편재이다.

● 정재(正財) : 음양이 다른 것. 정재란 "정(正)"의 뜻은 음양관계로 정을 가지고 극한다는 의미가 있고, 음양으로 잘 배합이 되어 있다는 뜻 (남여가 만난 것에 비유)이다. 일간 戊土가 극할 수 있고 음양이 다른 오행은 癸水이고 지지에선 子水가 정재이다. 또한 일간 己土가 극할 수 있고 음양이 다른 오행은 壬水이고 지지에서 亥水가 정재이다.

● 극아자(剋我者) - "나를 극하는 것" 은 관성(官星)이다.

여기서 나를 극한다는 것은 나에게 피해를 주거나 치명타를 맞는다는 뜻이 있고, 관성은 관직에 종사 하고 관록(官祿)을 먹는다는 의미와 여성은 남편을 말한다.

● 편관(偏官) : 음양이 같은 것. 편관이란 예로 일간이 庚金(양)이라면 나를 극하는 것은 火剋金으로 불(火)인데 丙火이고 지지에서 巳火를 말한다. 또한 일간인 辛金(음)을 극하는 불은 丁火이고, 지지에선 午火가 편관이다.

● 정관(正官) : 음양이 다른 것

일간 庚金을 극하는 火는 음양이 다른 丁火이고 지지에선 午火가 정관이다.(정관은 대체적으로 사법고시나, 행정고시 또는 기술고시 등에 합격 하여 관직에서 종사하는 경우이고, 여자는 정식 남편을 말함). 또한 일간 辛金(음)을 극하는 오행은 음양이 다른 丙火이고, 지지에서 巳火가 정관이다.


● 생아자(生我者) - "나를 낳은 것" 은 인성(印星)이다.

인성에 인(印)은 도장 인, 부모(특히 母를 말함), 스승, 선배, 멘토(Mentor), 졸업장, 라이선스 취득, 집문서, 종교를 갖는 것 등 전반적으로 나를 도와주고 나에게 이로운 것을 말한다.

● 편인(偏印) : 음양이 같은 것. 편인은 나를 낳아주고 길러주고 이끌어주는 부모이고, 스승과 선배 등을 말한다. 예로 일간이 甲木(양)이라면 나를 생하여주는 것은 水生木이라 물(水)인데 壬水이

고 지지에서 亥水가 편인이다. 또한 일간이 乙木(음)이면 乙木을 생하여 주는 것은 음인 癸水이고 지지에선 子水가 편인이다.

- 정인(正印) : 음양이 다른 것. 정인은 일간이 甲木 이라면 木을 생하여주는 오행은 음양이 다른 癸水이고 지지에선 子水이다. 또한 일간 乙木을 생하여주고 음양이 다른 오행은 壬水이고 지지에선 亥水가 정인이다.

위와 같이 육신의 대입방법과 설명을 예를 들어 작성해보았다.

**라. 육신을 해석하고 통변할 때 참고할 사항.**
육신이 혼잡(混雜)하거나 편중(偏重)이 있나 보아야하며,
사주에 없는 육신,
육신의 통근(通根) 및 강약(强弱) 상태,
육신의 합(合), 형(刑), 충(冲), 공망(空亡)과 신살(神殺)이 미치는 영향,
육신이 자리하고 있는 위치에 따른 해석.
상호 육신간의 조화(調和)관계.
육신이 가지고 있는 개념과 물상(物象)의 개념 등을 잘 파악하여 해석 하면 좋은 통변이 될 수 있겠다.

**마. 또한 육신에도 오행에서 설명한 바와 같이 (1)시간성, (2)정신성, (3)운동성, (4)방향성, (5)공간성이 포함되어있어 이를 잘 읽어내야 한다.**

예로 "정관"을 들어보자

시간성은 낮이 되겠고 한참 일하는 시간이다.

정신성과 운동성은 일을 처리하는데 명예와 책임감을 갖고 수행하며 늘 정직한 정신으로 대응(對應)한다.

공간성은 정관이 활동하는 무대인 관청사나, 누구나 아는 큰 회사(예로 삼성. LG, 현대 등)내 공간을 말한다.


"정인"을 예로 들면,

시간성은 조용히 쉬는 시간, 아니면 조용한 한밤중이며,

정신성과 운동성은 과제(課題)를 가지고 연구하거나, 졸업이나 취직을 하기위해 준비를 해야 하며, 종교인은 기도하는 시간이다.

공간성은 조용한 장소, 연구와 기도를 하는 한밤중의 공간을 들 수 있다.


위와 같이 육신은 동사형(動詞型)이고 진행형(進行型)으로 보아야 하는데 이유는 사람은 늘 정신과 육체적으로 움직이고 있기 때문에 이를 감안(勘案)해야 한다.



## 6. 육신의 각성(星=神)이 가지고 있는 특성

앞에 각성(各星)의 의미에서 성이 가지고 있는 특징과 의미를

설명한 바 있으나 육신은 늘 진행형이므로 사주도 새로운 해와 달이 바뀌면 해석과 통변도 이에 맞추어 설명해야 한다. 아래 각 성의 특성을 소개한다.

### 가. 비견의 특성

비견도 너무 많으면 기신(忌神＝用神을 극하는 오행)이 되어 상부상조는 커녕 도리어 나의 것을 탈취하려는 경쟁자로 즉 겁재로 변할 수 있다는 점을 유의해야 한다.

비견이 신약(身弱)할 때는 협력자, 동참자로서 어려움을 함께 하는 좋은 친구가 되지만, 신강(身强)할 때는 선의(善意)적인 경쟁자, 시비나 투쟁, 손재, 비방을 일으킬 수 있는 운이 작용한다.

### 나. 겁재의 특성

겁재도 형제요 친구이지만 신약할 때는 비견과 마찬가지로 협력자, 동참자가 될 수 있으나, 신강 할 때는 재물 탈취 등 손해를 끼치는 자로 변하며 사회에서는 나를 강력한 경쟁자로 소송(재벌들의 형제간 재산 싸움을 종종 본다)을 하거나, 아니면 비방을 일삼거나 나의 명예를 실추 시키는 자가 된다.

결론적으로 비겁이란 나와 동등한 격이므로 식상, 재성, 관성, 인성이 있다면 나와 동등하게 그 작용을 한다.

예로 식상이 너무 많으면 설기(泄氣)도 나누어 하는 것이고,

재(財)가 많아 어려운 일에 처 할 때는 협력하고, 관살(官殺)이 많으면 고난을 같이 겪는 협조(協助) 관계가 이루어진다.

### 다. 식신의 특성

식신은 복과 덕이 있는 신(神)이고 수복신(壽福神) 으로 먹을 것과 수명(건강)을 보호하여 길신의 역할을 다 하는데 모든 신 중에서 가장 신임이가는 길신이다. 물론 식신도 너무 많으면 해석은 달라진다.

식신은 안정된 의식주 생활을 하므로 건강하고 명랑한 성격을 유지 할 수가 있고, 여유 있는 자세를 갖게 된다.

또한 남을 도와 자선 사업가도 식신에서 나오는 등 좋은 운세의 작용을 한다. 식신은 정재를 생하여 주고 칠살(七殺=偏官)을 극하는 힘이 상관 보다 강하다.

### 라. 상관의 특성

상관은 관을 상하게 하거나 꺾는 작용을 한다. 관직에 종사하고 있는데 상관이 강하게 드러나면 그만 두기도 하고, 결혼한 여자가 남편을 상하게 할 수도 있다.

법질서를 무시하거나 방해하고, 하극상이나 폭력적이고 비타협적이며 식신과는 상반된 성격과 운이 작용한다.

상관은 편재를 더 생하여주고, 편관 보다는 정관을 극하려는 마음이 강하다. 대체적으로 말에 논리가 있고, 말을 잘한다.

결론적으로, 식상은 아내인 재성을 생하고, 아내의 모친이 된다. 식상이 왕하면 인성이 억제 해주고, 인성이 없으면 재성이 식상의 왕한 기운을 빼주어(洩氣) 관성을 상하지 않게 보존해 준다.

재성이 약한 사주에 식상이 건재(健在)하면 재운이 좋은데 이를 식상생재(食傷生財)라고 하고 사업가로 발전 할 수 있는 소지가 크며, 장모가 재물을 보태 주는 상이다.

식신과 상관은 거의 작용이 같으나 그래도 상관이 왕 한 것 보다는 식신이 왕 한 것이 낫다. 여자는 식상이 태왕(太旺)함을 가장 꺼린다.

### 마. 편재의 특성

편이란 음양의 조화를 이루지 못하고 한쪽으로 치우쳐 있고, 생각이 한쪽으로 몰려 있는 것이다. 또한 늘 문제를 일으킬 소지를 안고 있다.

정상적인 재물이 아닌 유동성이 있는 재물에 비유한다. 정재가 부동산적인 가치라고 한다면 편재는 돈이나 동산을 의미한다. 편재는 스피드(speed)가 있어 속성속패(速成速敗)의 성격으로 갑자기 흥하다가 갑자기 망하는 속성(屬性)이 있다.

사람의 심리는 정재보다 편재에 더 매력과 유혹을 가지며 편재가 있으면 내가 없는 재물을 취하려는 욕심이 생겨 성공과 실패의 양극이 형성되기도 하는데 유산 없이 벌어야 하는 자수성가가 여기서 나온다.

이성(異性)으로 보면 부적절한 관계의 여자, 애인 또는 첩 등이고, 남자 쪽은 부적절한 남자, 비공식적인 남자라 할 수 있다.

편재는 일간이 극하는 간지(干支)이나  나(日干) 보다는 겁재 쪽으로 합하려는 성질이 있다.

### 바. 정재의 특성

정재는 음양의 배합이 잘 이루어져 일간이 포악하게 극하지 않는다.

정재는 정당하고 합법적으로 번 재물 또는 고정수입으로 안정된 경제력(經濟力)을 가지고 있는 것을 말한다. 나의 타고난 재복으로서 편재와 달리 제 삼자로부터 뺏기지 않는 안전한 재물이다.

여기서 겁재는 정재의 칠살(七殺=偏官)이 되므로 송두리째 극하여 빼앗아 가는 성질이 있다. 그래서 정재는 겁재를 매우 두려워한다.

편재보다는 유혹적이지는 않으나 정재가 있는 사람은 발전도 느리지만 그렇다고 크게 실패는 당하지 않는다.

결론적으로, 재성은 정재나 편재가 왕 한 것을 요구하나 일주가 약한데 재성만 많으면 재를 다루지 못해 보고도 못 먹는 그림의 떡이 된다. 반대로 비겁 등 일주가 왕 한데 재가 약하거나 재가 없다면 부족한 재물로 싸움이 벌어질 상이다.

재성은 천간에 있는 것보다는 지지에 있는 것이 좋다. 그것은 천간의 재성은 모든 사람 눈에 띠는 재물이므로 도둑이나 친지로부터 빼앗길 염려가 있고, 지지에 있는 재물은 숨겨둔 재물과 같아 그럴 염려가 없다.

사주에 정재와 편재가 다 있어 아내와 첩이 있다고 한다면 여기서도 정재가 편재보다 왕 하면 바람피우는 것은 삼가 해야 하며, 반대로 편재가 정재보다 왕 하면 첩이 들어와 주인 행세를 하는 경우도 있다.

또한 정재가 왕 하면 고정 수입이 안정 되어 있고, 편재가 왕 하면 고정 수입은 적으나 생각지도 않은 횡재도 할 수 있으나, 반대로 없애기도 잘 한다. 편재가 충을 만나면 하루 벌어 하루를 살아가는 생활을 할 수가 있다.

재는 지지에 재가 있어 서로가 밀어 주거나 합(合局財)을 하는 재가 매우 좋으며 이때 일주가 왕 하여도 합을 한 재가 있으면 비겁 운을 만나도 해가 되지 않으며 일생 재물이 풍부하다.


## 사. 편관의 특성

편관은 작용력이 정관 보다 강렬하다. 또한 칠살(七殺)이라고 하는데 이는 음 또는 양으로 치우쳐 일간을 극하는 까닭에 정관보다는 살의 작용을 더하여 살성(殺性)이라는 명칭을 부친다. 칠(七)이란 甲, 乙, 丙, 丁 순으로 하여 7번째 해당하는 천간이 바로 살이 된다.

이 편관은 일간과 비견을 만만히 보는 경우가 있고, 일주가 신약 할 때는 칠살이 된다. 그리고 상관을 가장 두려워한다.

편관의 세계에서는 출세를 위해서 권력 다툼을 불사하고, 권모술수나 투쟁 등 강인한 모습을 보이고 대를 위해서는 소를 희생시킨다.

여자 입장에서 남편은 관이다. 그러나 정관은 정식 남편이며 내 곁을 지켜주고 보호해 주는 남편이나, 편관은 남편이기는 하나 무정한 남편, 집도 잘 들어오지 않는 남편, 비공식적인 남편(빨리 정리하는 것이 좋다)을 말한다. 남편 입장에서 관은 아들이다.

### 아. 정관의 특성

정관도 일간을 극하는 것은 편관과 같으나 정관은 나의 직장이요 상관이 되므로 극하기는 해도 직장에서의 위계질서(位階秩序) 상 업무적으로 당연히 나를 지배하도록 되어있다.

또한 법에 의한 정통성과 합리적으로 업무를 관장하고 일을 지시하고 처리해야 한다. 그리고 사회의 부정적이고 불법적인 일을 감시하여 밝은 사회를 만드는 역할도 정관이 해야 할 임무이므로 준법정신이 강하다.

그런데 일간이 신약하고 정관이 태왕하면 편관 작용을 하므로 잘 살펴야 한다.

결론적으로, 편관도 길신이 될 수 있고 정관도 흉신이 될 수 있으므로 단정적으로 해석하는 것은 금물이며 정관이든 편관이든 하나씩 있는 것이 좋으며, 천간에 관(官)이 있고 지지에도 관이 있어 뿌리를 내린 것이라면 관을 하나로 본다.

그런데 정관, 편관이 천간과 지지에 각1개씩 있고 또 2,3개가 더 있다면 관살혼잡(官殺混雜)이라고 하여 일간에 뿌리가 없으면 좋은 사주는 아니다. 그러나 일주가 신강하여 관살이 왕 하면 귀하게 작용한다.

관살이 혼잡하면 이중(二重) 직업을 갖거나 아니면 한 가지 직업도 갖지 못하는 경우도 있다.

남자의 경우 친자와 서자가 다 있는 경우도 있고, 여자는 두 남자와 인연이 있어 일부종사(一夫從事)가 어렵다. 또는 재취(再娶)로 시집간다.

관살혼잡이라도 그중에서 극을 받는 관(官)이나, 간합(干合), 육합을 하여 다른 오행으로 화(化)하면 귀한 사주로 본다. 그런데 혼잡 된 관이 다 극을 받아도 좋은 사주는 아니다.

여하간 관살이 태왕하면 질병으로 고생하고 남자는 여러 여자 몸에서 자식을 두는 경우도 있다.

### 자. 편인의 특성

편인의 특성을 보면 치우친 생각, 꽁한 마음, 집요함, 삐뚤어진 사고방식, 인내력 부족과 변태, 부족한 협력관계, 비방, 방해공작, 질투 등 비교적 좋지 못한 성격과 운세가 작용할 수 있다.

편인은 식신을 꼼짝 못하도록 극하므로 "먹는 밥그릇을 깨버린다"고 하여 도식(倒食=食神의 七殺)이라는 용어를 쓰기도 한다.

또한 편인은 겁재를 생하여 정재를 극할 수도 있어 일간에게 손해를 주는 행위도 한다.

그러나 일간이 신약하고 식상이 태왕하면 일간을 생하여주고, 식상을 억제하여 일주의 기(氣)를 보호하여주는 장점도 있다.

### 차. 정인의 특성

정인은 일간을 생하여주어 신약한 일간을 도와준다. 정인은 상관의 칠살격(七殺格)이라 상관을 꼼짝 못하게 하고, 식신을 송두리째 파괴시키지는 않는다. 그래서 사주에 정관(正官)이 있으면 정관을 보호하여 출세의 길을 터주는 역할을 한다.

정인은 매사에 정당성을 앞세우는 학자적, 신사적 면모가 보이고 무엇보다 명예를 존중 한다. 인생철학을 탐구하고 종교, 도덕을 숭상하며 아무리 궁해도 명예에 누가 되는 일은 하지 않으려 한다.

정인은 내 어머니로서 자식에게 정을 주고 사심 없이 길러주고 교육을 시키고 훌륭한 사람이 되라고 기도를 하는 등 자식이 나이가 들어 60이 지나도 자식을 걱정 해주는 어머니가 정인이다. (그러나 편인도 어머니 이긴 한데 무정한 어머니, 계모, 새 엄마로서 잘 하다가도 갑작이 변할 수 있는 엄마이다)

결론적으로, 월지에 편인이 있고 편인격(偏印格)인 사주는 의사, 약사, 학자, 변호사, 세무사, 계리사, 발명가, 예술가 등에 종사 하는 사람이 많다.

월지에 정인이 있고 정인격(正印格)인 사주는 교육자, 학자, 수도사, 철학자, 종교가, 문학가 등이 많이 나온다.

년주나 월주에 인수(印綬)가 있으면 부끄러움 없는 가문의 자손이며 또는 조부로부터 독특한 전통을 이어 받았다고 보는 경우도 있다.

월주에 천간이나 지지에 정인이 있으면 성격이 온후하고 언어나 행동이 단정해서 남의 존경을 받게 되고, 사업가 보다는 종교, 학문, 교육, 연구가로 진출해야 명성을 얻는다.

그런데 인수가 많은 사람은 자기주장을 앞세우고 매사를 자기 본위로 처리하며 사람을 깔보고, 버릇이 없다. 인수가 많다는 것은 어머니가 많다는 뜻이나 오히려 어머니의 사랑과 교육을 받지 못했다는 뜻도 되는 것이다.

그리고 인수가 너무 많으면 식상을 극하고 파괴하여 재(財)를 생하지 못하여 박복 할 수도 있으며 자식도 잘 되지 못하는 경우도 있다.


## 7. 사주에 육신 대입(표출) 방법 사례

육신을 사주에 대입(표출)하는 방법을 예를 들어 공부해보자.

가. 남자 : 1995년 3월4일(양) 낮 2시 생을 육신에 대입해본다.
작성에 유의할 점을 먼저 소개하니 착오 없기 바란다.
대운(大運) 기재 시 양남음여는 순행이고, 음남양여는 역행이라는 것을 구별해야 한다.
사주를 작성하고 오행과 함께 음양을 구별할 수 있도록 木이면 음木 또는 양木을 반드시 기입한다.
이후 일간을 중심으로 比我比, 我生食, 我剋財, 剋我官, 生我印의 순서대로 육신을 찾아 써 넣는다.

상기 95년생(양)의 사주는 년주가 乙亥생이고, 월주는 戊寅, 일주는 甲午, 시주는 辛未가 된다. 이를 앞에서 배운 사주 작성법과 대운작성법을 활용하여 기재해 본다.

상기 남자(乾命)의 사주 대운 작성과 대입 방법은 아래와 같다.

| 정관 | | 편재 | 겁재 |
|---|---|---|---|
| 辛(金음) | 甲(木양) | 戊(土양) | 乙(木음) |
| 未(土음) | 午(火음) | 寅(木양) | 亥(水양) |
| 정재 | 상관 | 비견 | 편인 |

| 69 | 59 | 49 | 39 | 29 | 19 | 9 |
|---|---|---|---|---|---|---|
| 辛 | 壬 | 癸 | 甲 | 乙 | 丙 | 丁 |
| 未 | 申 | 酉 | 戌 | 亥 | 子 | 丑 |

상기 사주에 육신 대입을 해 보면, 일간이 甲木이므로,

● 比我比 : 나하고 같은 형제나 친구가 있는지 찾아본다.

천간 년간에 乙木이 있는데 음木이므로 육신은 겁재가 된다.

지지 월지에 寅木이 있다. 양木이므로 육신은 비견이 된다.

● 我生食 : 내가 生하는 자식이 있는지 본다. 일간 甲木이 생하는 것은 木生火로 火가 자식인데 일지에 午火가 있다. 午火는 음火로 육신은 상관이 된다.

● 我剋財 : 내가 극하는 것은 木剋土로 월干에 戊土인 양土가 있다. 육신은 편재가 된다. 그리고 시지에 음土인 未土가 또 있어 正財가 된다.

● 剋我官 : 나를 극하는 관은 金剋木으로 금을 찾아본다. 시간에 음金인 辛金이 있는데 육신은 정관이 된다.

● 生我印 : 나를 생하여주는 것은 水生木이며 水는 년지에 亥水가 있고 양水로 육신은 편인이다.

위와 같이 육신표를 대입해 보았다. 이 육신표는 대운에도 대입을 하고 세운과 일진에도 대입하여 그 특성과 역할을 분석해 볼 수 있다.

* 가족과 친구들의 사주에다 육친을 대입하는 연습도 육친표를 외우는데 도움이 된다.

나. 육신 작성 후 인생의 전개 과정을 분석

인생을 사는데 우선순위 일위는 건강이다. 건강을 기본으로 하고, 청, 장년을 거치면서 고등학교 및 대학 입학문제와 취직문제인데 여러 분야의 직업을 합하면 약 1만2천개(2012년 1월 현재)에 달한다.

특히 IT분야와 바이오산업 등이 하루가 다르게 비약적으로 발전하고 있어 현재의 청·장년들도 여기에 맞추어 생존할 수 있도록 사주가 구성되어 가고 있다고 본다. 그러므로 현대 국가 및 세계 발전 상황에 따라 사주 구성도 변하고 있다고 보아야 한다.

육신은 사주와 대운뿐만이 아니라 세운과 월, 일진에도 대입하고, 언급한 육신의 특성을 잘 활용하여 해석하고 통변하는 공부를 계속 한다면 좋은 결과가 있을 것이다.

예로서 올해가 2015 을미년 인데 나의 사주로 볼 때 정재운인가, 편재운 인가, 또는 정관운 인가, 편관운 인가를 따져 보고, 입학문제, 취직문제, 결혼문제, 또는 진급하는 해 인가를 살피고 이어 건강 문제와 재물 운수도 분석해 본다.

위와 같이 육신은 사주를 분석하는데 핵심적 역할을 하므로 많은 연습을 통하여 육신을 꼭 외우도록 한다.

## 8. 육친(六親)의 구성

육친의 구성은 부모, 형제, 남편, 처, 자식, 등을 말한다.

가. 육친 구성의 특징(特徵)과 사주 사례를 들어 설명.

육친의 구성을 보면 부권(父權)을 중요시하여 가부장적(家父長的)인 제도를 유지하여 처와 자식을 부양 하고 가족을 책임지게 되어 있다.

그런데 육친의 표출은 모계(母系)를 중심으로 하였다.

사주를 보면 육친(또는 육신)이 다 있는 것이 아니고 대체적으로 빠져 있는 경우가 많거나 같은 육친이 2개부터 4-5개까지 몰려(혼합, 편중)있는 사주가 있는 경우도 있다.

나. 事例 : 여성(坤命) : 1982년 10월11일(양) 낮 12시 생

|  겁재 |  |  정재 |  정관 |
|---|---|---|---|
| 丙(火양) | 丁(火음) | 庚(金양) | 壬(水양) |
| 午(火음) | 卯(木음) | 戌(土양) | 戌(土양) |
|  비견 |  편인 |  상관 |  상관 |

| 61 | 51 | 41 | 31 | 21 | 11 | 1 |
|---|---|---|---|---|---|---|
| 癸 | 甲 | 乙 | 丙 | 丁 | 戊 | 己 |
| 卯 | 辰 | 巳 | 午 | 未 | 申 | 酉 |

위 사주를 보면 육친이 다 있고 木 火 土 金 水도 다 있다. 육친은 대체적으로 정과 편이 반씩 나누어져 있다. 2015년 현재 34세 나이로 남편을 찾아본다.

剋我官(水剋火 = 火는 日干 丁火를 말함)년간에 정식 남편인 壬水 정관이 조부 또는 부친 자리에 있고, 남편이 노력하면 공직에 있거나 대 회사에서 근무할 수도 있다.

일간 丁火 여성은 정직하고 원칙을 준수하는 성격이며 또한 본인이 공직에 근무 할 가능성도 있다. 남편과는 나이 차가 있을 것으로 본다.(남편이 조부 및 부친 자리에 있기 때문에)

부모 중 아버지가 있나 찾아본다.

여성은 재가 아버지이다. 我剋財(火剋金)로 월간 형제 자리의 庚金 정재가 아버지로 재물을 가지고 있으며 남이 다 아는 회사에 근무를 하고, 부친의 뒷받침을 받는다.

정재는 고정적으로 수입이 들어오고 있다는 의미이며, 丁火 여성 본인이 직장을 가지고 있다면 월급자(月給者)일 가능성이 크다.

나를 낳아준 어머니를 찾아보자.

나를 낳아준 어머니는 生我印(木生火)으로 일지에 卯木 편인 (계모 : 육신의 특성 참조)이 있는데 정인은 친 어머니로서 자식을 키워주고, 교육 시키고, 끓임 없이 있는 것을 다주고 싶은 마음을 갖고 있으며 자식에게 헌신하는 어머니이다.

편인은 어머니 역할을 하다가도 언제든지 변할 수 있는 어머니이다.(또한 인성은 스승, 멘토자, 도움을 주는 선배, 종교인도 된다)

자식이 있나 찾아본다.

내가 낳은 자식은 我生食(火生土)으로 지지의 년지와 월지에

戊土 상관이 자식이다(상관은 아들로 주로 본다).

아버지인 정관과 같은 위치인 조모 또는 모친의 자리에 있어 丁火 여성입장은 남편과 자식을 섬겨야 하는 위치에 있다.

여기서 중요한 것은 상관이 정관을 괴롭히는 입장에 있기 때문에 상관을 견제 해주는 인성이 있는지 찾아보는데, 앞에 편인이 있어 정관을 극할 염려는 없으나 약하여 걱정은 된다.

일지 자리에 편인인이 계모가 자리를 하고 있다. 사실 그 자리는 남편자리 인데 남편은 조상자리(年干)에 가 있어 丁火 여성은 남편보다 계모 같은 어머니와 안방을 함께 쓰면서 후원을 받거나 아니면 간섭을 받고 산다고 보면 되겠다.


형제가 있나 찾아본다.

丁火와 같은 比我比인 火가 있나 찾아본다. 시간과 시지 자식 자리에 丙火와 午火가 있는데 겁재와 비견으로 형제 또는 친구가 된다. 자식 같은 남동생(또는 여동생)으로 뿌리 역할을 하고, 누나(또는 언니)인 丁火를 도와주는 든든한 동생 역할을 하나, 시간에 겁재는 형제 또는 자매이나 경계를 해야 한다.


일간 丁火여성의 남편인 부모를 찾아보자.

남편이 壬水 정관이므로 먼저 시어머니를 찾아본다. 남편 水를 생한 어머니는 金生水로 金이 된다. 이어 시아버지를 찾아보면 시어머니가 金으로 金을 극하는 분은 火剋金으로 火가 시아버지이다.

시부모의 손자(丁火의 자식)를 찾아본다.

시부모(火하고 金)입장에서 며느리가 생산한 아이들은 손자가 된다. 손자는 戊土로 시아버지 火는 火生土가되어 손자와 상생이 되고, 시어머니 金도 土가 생하므로 土生金으로 상생이 되어 할아버지 할머니는 손자를 늘 귀여워하고 기대감을 가지고 있다.


외손자를 찾아본다.

외손자는 내 딸이(丁火) 낳은 자식이다. 외할아버지는 정재인 庚金 이고, 할머니는 卯木이다. 손자는 戊土 이다.

金인 외할아버지는 土의 손자와 상생 관계이나, 木인 외할머니는 木이 土를 극하므로 외손자를 꼼짝 못하게 한다. 외손자들은 그냥 가버릴 놈이라고 생각하고 형식적으로 귀여워할 가능성도 있다.


丁火 여성의 자식들이 성장하여 결혼하면 며느리와 사위 가 생기는데 찾아보자.

자식들이 戊土이므로 아들이 결혼한 며느리를 먼저 찾아본다. 며느리는 아들로부터 극을 당하는 입장이므로 土剋水로 水가 며느리이다.

그래서 며느리 입장에서 시어머니는 丁火이니 水剋火가 되므로 시어니 와 며느리(고부 = 姑婦)는 늘 서로가 극하게 되어 있다.

딸이 결혼하면 사위가 있다. 딸도 戊土이므로 딸을 극하는 오행은 木剋土로 木이 사위가 된다. 장모(丈母) 丁火는 사위 木과 木

生火로 서로가 상생 관계이니 장모의 사위 사랑이 여기서 나온다.

사돈지간을 본다.(친부모와 시부모 관계)

일간 丁火 여성의 친어머니는 木(卯木)이고, 시어머니는 金이다. 그래서 金剋木으로 상극관계이고, 친아버지는 金(庚金)이고, 시아버지는 火이다. 역시 火剋金으로 사돈지간은 껄끄러운 관계이다.

친부모 입장에서 볼 때 딸의 시부모에게는 꼼짝 못하고 함부로 할 수없는 상대인 것이다.

내 할아버지와 할머니를 찾아보자.

일간 丁火여성의 아버지가 庚金으로 金을 생한분이 할머니가 되므로 土生金하여 土가 할머니이다. 할아버지는 土을 극한분이 되므로 木剋土로 木이 할아버지가 된다.

시 조부를 찾아보자 시아버지는 火이므로 火를 생한분은 木生火로 木이 시할머니가 되겠고, 시할아버지는 木을 극 한분이므로 金剋木 하여 금이 시할아버지가 된다.

아버지 형제 및 고모와 남편의 시아버지 형제 및 시고모를 찾아보자.

아버지가 庚金으로 아버지형제와 고모들은 다 金이다. 시아버지 형제나 고모들은 시아버지가 火이므로 모두가 火가 된다.

동서지간을 찾아보자

남편이 壬水이므로 남편 형제도 水가 된다. 형제들이 결혼하여 동서가 생기면 水剋火로 모두 火가 생긴다.

그런데 일간 丁火도 火이고 동서들도 火이다. 여기서 중요한 것은 친 형제들은 비견이나 동서끼리는 라이벌 의식이 있어 겁재가 된다. 동서끼리가 잘 지낼 수 있다는 것은 극히 드문 일이다.

* 유첨 : 아래 "육친 및 연관사항 표" 참조

## 9. 육친 및 연관사항 표

| 육친 | 남여 | 가족 관계 | 연관 사항 |
|---|---|---|---|
| 비견<br>(比肩) | 남 | 남녀형제, 처조카, 자매의 시아버지 | 친구, 동창생, 직장동료, 라이벌. |
| | 여 | 남녀형제, 시아버지 형제 | 상동 |
| 겁재<br>(劫財) | 남 | 남녀형제, 이복형제자매, 며느리, 동서간, 딸의 시어머니 | 직장에서 경쟁적인 동료, 나쁜 친구. |
| | 여 | 남녀형제, 이복형제, 시아버지, 동서간, 아들의 장인 | 친구, 동료, 라이벌. |
| 식신<br>(食神) | 남 | 손자, 장모, 사위, 생질녀, 증조부 | 자선사업 |
| | 여 | 아들, 딸의 시아버지, 증조부 | 상동 |
| 상관<br>(像官) | 남 | 할머니, 손녀, 생질, 외할아버지, 외숙모 | 자기 官을 극한다, 하극상. |
| | 여 | 딸, 할머니, 시누이 남편 | 남편을 헨하거나 남편의 직업을 어렵게 한다. |
| 편재<br>(偏財) | 남 | 아버지, 정부(情婦), 첩, 형수, 재수, 처형제간 | 투기, 횡재, 비공식재물. |
| | 여 | 아버지, 시어머니, 외손녀, 아들의 장모 | 상동 |
| 정재<br>(正財) | 남 | 공식적인 아내, 백부, 고모, 아들의 장인, 자매의 시어머니 | 유산, 고정수입, 봉급. |
| | 여 | 양부(養父), 외손자, 백부, 고모, 시어머니형제간, 시할아버지 | 상동 |
| 편관<br>(偏官) | 남 | 아들, 친자녀, 조카딸, 외할머니, 매부, 딸의 시아버지 | 횡액, 도둑, 재앙, 괴롭히는 자. |
| | 여 | 정부(情夫), 재혼한 남편, 시형제간, 며느리형제간 | 상동 |
| 정관<br>(正官) | 남 | 자녀(딸), 조카, 증조모 | 국가의 관직, 우두머리, 귀인. |
| | 여 | 정식 결혼한 남편, 며느리, 딸의 시어머니, 증조모 | 상동 |
| 편인<br>(偏印) | 남 | 계모, 서모, 이모, 외삼촌, 할아버지, 외손녀, 아들의 장모 | 비방, 방해, 질투. 식신을 헨한다. |
| | 여 | 계모, 서모, 이모, 외삼촌, 할아버지, 손자, 사위, 시할머니 | 상동 |
| 정인<br>(正印) | 남 | 어머니, 외손자, 장인, 처남의 처 | 스승, 멘토, 종교인, 명예 |
| | 여 | 어머니, 손녀 | 상동 |

**14장**

# 공망(空亡)과 삼재(三災)의 의미

# 14장 공망(空亡)과 삼재(三災)의 의미

사주를 해석하고 통변 할 때는 공망과 삼재를 참고하고 이 것이 사주에 미치는 영향을 관찰한다.

## 1. 공망이란

### 가. 공망의 의미

공망은 천간 기호 10개와 지지 기호 12개를 서로 짝을 지워 줄 때 2개의 지지는 짝을 배정 받지 못하여 남아있는 것을 공망 이라 한다.

그래서 2개의 지지는 공허(空虛)하고, 무력하다는 의미를 가 지고 있다.

2개의 지지 중 양지를 공(空)이라하고, 음지는 망(亡)이라한 다. 공의 의미를 허(虛)하고 부실(不實)하다는 뜻으로 실과 대비해 서 보고, 망의 의미는 부존재(不存在)하여 무(無)의 뜻으로 유(有) 와 대비하여 관측하여 보고 있다.

&lt;공망 조견표&gt;

| | 해당 日辰 때의 空亡은 -------〉 | 空亡 |
|---|---|---|
| 甲子旬 | 甲子. 乙丑. 丙寅. 丁卯. 戊辰. 己巳. 庚午. 辛未. 壬申. 癸酉. | 戌亥 |
| 甲戌旬 | 甲戌. 乙亥. 丙子. 丁丑. 戊寅. 己卯. 庚辰. 辛巳. 壬午. 癸未. | 申酉 |
| 甲申旬 | 甲申. 乙酉. 丙戌. 丁亥. 戊子. 己丑. 庚寅. 辛卯. 壬辰. 癸巳. | 午未 |
| 甲午旬 | 甲午. 乙未. 丙申. 丁酉. 戊戌. 己亥. 庚子. 辛丑. 壬寅. 癸卯. | 辰巳 |
| 甲辰旬 | 甲辰. 乙巳. 丙午. 丁未. 戊申. 己酉. 庚戌. 辛亥. 壬子. 癸丑. | 寅卯 |
| 甲寅旬 | 甲寅. 乙卯. 丙辰. 丁巳. 戊午. 己未. 庚申. 辛酉. 壬戌. 癸亥. | 子丑 |

* 旬字는 10이란 뜻으로 甲子부터 癸酉까지 10개를 말함.

　　여기서 주의해야 할 점은 공망이 있다고 모두 같은 것으로 해석 하면 오류를 범할 수가 있는데, 그 공망이 지지의 합,충,형 (刑),파(破),해(害)에 의해 어떠한 작용이 일어나며, 길신(吉神) 또는 흉신(凶神) 공망 인가를 점검하고, 지지가 생왕(半)공망으로 득령(得令)을 얻은 공망)인지 반대로 사절(死絶=진공망으로 월지를 얻지 못한 실령(失令)공망) 인지도 잘 살펴야 한다.

　　공망은 일주를 기준으로 해서 산출한다.

공망 산출법은,

● 예1. 일주가 甲子라고 한다면 지지는 子丑寅卯… 순으로 하여 12개로 亥에서 끝난다. 여기서 천간 甲을 지지 子다음 순에 따라 甲乙丙丁… 壬癸까지 짝을 지어 끝나면 2개의 짝이 없는 지지 戌亥가 남는다. 이때 戌亥가 공망이다.

● 예2. 己卯가 일주라면 己卯 다음 순에 따라 짝을 맞추어 己庚辛壬癸 − 卯辰巳午未<u>申酉</u> 가다가 천간 癸로 끝나면 짝을 맞추지 못한 申酉가 공망이 된다.

● 예3. 丙午가 일주일 때의 공망은 지지 午에서부터 천간 丙의 다음 순으로 지지와 짝을 맞추면 寅卯가 남는다.

丙丁戊己庚辛壬癸.

午未申酉戌亥子丑<u>寅卯</u> 천간 癸가 끝나면 짝을 맞추지 못한 지지 2개 寅卯가 공망이 된다.


## 나. 공망의 종류와 성격

1) 완전(完全)공망( = 眞공망 = 死絶 )

월지를 얻지 못한 공망으로 해당 지지의 작용력이 80% 정도 무력하고, 약한 오행으로 구성되어 있을 때는 그 공망으로 거의 힘을 못 쓰는 상황으로 발전 할 수도 있다.

완전 공망은 일생동안 허송 생활을 하는 경우도 있다.

## 2) 반(半)공망( = 生旺공망 )

월지를 얻은 공망으로 해당 지지의 작용력이 그 위치에 따라 50~60%정도 무력하다고 보고 있다.

반 공망은 생왕(生旺)하면 도량이 넓고, 관대한 성품이 있어 일생 중 대체적으로 복이 많으나 무사 안일할 수도 있다.

### 일간이 월지를 얻는 사주는(숫자는 순위)

| 日 干 | 월지 1 | 2 | 3 | 4 | 5 | 6 |
|---|---|---|---|---|---|---|
| 木 | 卯 | 子 | 亥 | 寅 | 辰 | 丑 |
| 火 | 午 | 卯 | 寅 | 巳 | 未 | 辰 |
| 土 | 午 | 未 | 巳 | 戌 | 辰 | 丑 |
| 金 | 酉 | 申 | 丑 | 戌 | 未 | 辰 |
| 水 | 子 | 酉 | 申 | 亥 | 丑 | 巳 |

완전 공망(眞 공망)과 반 공망(=生旺 공망)을 例를 들어 본다.

| 완전 공망 | | | | | 반 공망 | | | |
|---|---|---|---|---|---|---|---|---|
| 시주 | 일주 | 월주 | 년주 | | 시주 | 일주 | 월주 | 년주 |
| 己 | 丁 | 壬 | 壬 | | 戊 | 甲 | 己 | 乙 |
| *未 | 亥 | 子 | *午 | | *寅 | 辰 | *卯 | 亥 |

완전 공망 사례는 일간 丁火가 월지를 얻지 못하고 추운 사주로서 午火와 未土가 공망이다.

일간이 추운 겨울에 강한 물(水氣)로 둘러 싸여 있어 얼어 있다. 午火와 未土로부터 火의 기운을 받으려 하나 공망이어서 그 역할을 다 못하고 있음을 알 수 있다. 그런데 월지에 子水는 년지 午火와 충이되어 탈공(脫空)이 된다. 그러면 공망이 해소되나 午火 자체가 물로 둘러 싸여 있어 비견 역할을 제대로 못할 가능성이 있다. 이 사주의 맹점은 물기를 잡아주는 木(寅)이 없는 것이 큰 단점이라 보겠다.

반 공망 사례는 일간 甲木이 월지 卯木을 얻었으나 卯木과 寅木이 공망인데 일간 甲木이 木으로 둘러싸여 있어 木氣가 강하다.

亥卯(未) 木국으로 합을 이루고 있어 卯木은 탈공이 되어 공망이 해소 되었다고 본다. 월지에 卯木과 일지에 辰土는 서로 해가 되는데 卯가 亥와 합이 되고 있어 해는 면 했다. 그러나 이 사주에 큰 단점은 木을 키워주는 火가 없고, 강한 나무를 통제해야 하는 金도 없어 버르장머리가 없는 것이 문제이다.

* 합과 충의 탈공 설명은 별도 항목 참조

년지가 공망일 때 부모. 조상덕이 없거나 조부나 부친이 관직이나 일반직장에 종사를 못했거나 또는 어려운 환경에서 자랐을 가능성이 있으며, 부친이 첩을 얻어 이중생활을 할 수도 있다.

월지가 공망일 때 부모덕이 약하거나(유산 등), 형제가 없고, 있어도 불화(不和) 하는 경우가 많다. 또는 생활기반이 약하여 교육을 받지 못하여 출세에 지장을 줄 수도 있다.

시지가 공망일 때 말년 운이 목적의식(意識)이 없어 침체되거나 허망함을 갖게 할 수도 있다. 자식 운이 없거나, 있어도 인연이 약할 수 있다.

년월시가 공망일 때는 도리어 공망의 역할이 없어지고 길(吉)하게 되는 수가 있는데 이는 흉이 극하면 길(吉)이 생한다는 이치(理致) 이기도 하다.

### 다. 공망과 연관 상황(狀況)

사주에 일간이 양간일 경우 지지에 양지가 공망 이면 완전 공망( = 眞空)으로 보고, 반대로 일간이 음간일 때 양지가 공망 이면 반 공망 으로 본다. 예로서 일주가 甲子 인데 지지 戌이 공망 이면 완전 공망이고, 일주 丁未에 지지 寅이 공망이면 반 공망이 된다.

공망에서 대운 공망은 참고하지 않고, 세운( = 年運)과 일진 은 참고하며, 대운에서 공망이 올 때는 공망 작용이 풀리거나 약해진다.

격국(格局 = 월지의 상황을 보고 천간과 연계 하여 그 사주에 사회 활동상을 판단하는 것)이 공망일 때는 파격 소지가 크며, 이 때는 주로 육친관계 해석과 신살 등이 있을 때 사주에 어떠한 영향이 미치는지 참고한다.

지지가 공망이면 천간도 공망으로 무력해 진다.

공망은 방위에도 활용하는데 예로서 출행, 이사, 진학, 취직, 거래관계 등에서 무력하고 인연이 없을 수가 있다.

공망이 같은 부부 사주는 천생연분으로 보고 있어 궁합에도 참고한다.

상하관계와 주종관계, 모임 등과 대인관계에서도 공망이 같으면 소통이 잘되고 의견의 일치가 쉽게 이루어지고 오래 유지할 수가 있다. 그렇다고 100% 다 좋은 것은 아니며, 그만큼 인연이 있다는 것이다.

사생지인 寅申巳亥가 공망이면 모사(謀事)가 뛰어나고 기교가 있으며, 문학가나 예술 계통에 종사 하는 사람이 많고, 외유내강한 성격을 가지고 있다.

공망이 있으면 허무하기 때문에 채우려는 것이 인간의 마음이므로 오행의 특성과 육친의 의미를 잘 살펴 추명하면 묘미가 있고 비법으로 활용하게 된다.

흉신(凶神)이나 악살(惡殺)의 공망은 흉을 해소시키거나 탈공
(脫空)할 때는 재액(災厄)이 발생 할 수 있으니 주의해야 한다.

공망이 좋게 작용하는 상황을 설명하면

흉신 또는 악살이 공망이 되면 흉이 해소 되어 길하게 되는
수도 있는데,

풀리지 않던 일이 공망운에 해결된다.

팔리지 않던 부동산이 공망운에 팔린다.

헤어져야 하는 상황이 공망운이 오면 헤어지게 된다.


희신(喜神 = 用神을 밀어 주는 글자)이나 길신(吉神) 등 귀인
이 공망이면 복이 감소되나 탈공할 때 좋은 경사(慶事)가 있을 수
도 있다.


합과 충으로 탈공이 되었는데, 세운이나 일진에서 다시 공망
이 오면 그 작용력은 미약하다.



## 2. 삼재(三災)란

삼재에 관해서는 모든 명리학 책이 취급하지 않고 일부 책자
에서만 취급함을 볼 수 있는데, 금전 거래에서 발생하는 손해와
사업 실패 등이 있을 경우 삼재 기간에 들어와 있음을 알게 된다.

### 가. 삼재의 의미

삼재를 보통 계절에 비유하면 이해가 쉬워지는데, 모든 만물이 잘 성장하다가 혹한기(酷寒期)에는 성장이 정지되고, 위축이 되어 매사 활동이 부자연스러운 시기로써 모든 사회 활동을 하는 일반 사람을 포함, 재벌부터 평범한 사업을 운영하는 서민에 이르기까지, 또는 건강한 사람이나 병약한 사람에 이르기까지 모두가 다해당이 된다.

특히 행운(行運)이 흉하면 심한 불행이 발생할 수 있다.

### 나. 삼재의 종류

인재(人災)에 의한 것으로 사기를 당하거나, 증권 투자에서 실패하는 경우, 친구 사이에 보증이나 담보를 서 주다가 손해를 보는 경우, 사업을 추진하다가 실패 또는 파산 하는 경우를 들 수 있겠다.

관재(官災)로서 일반 송사가 발생하거나, 형사 사건에 말려드는 경우와, 우환(憂患)으로 뜻밖의 사고나, 질병으로 인한 수술 등으로 신체적 어려움이 발생하는 경우를 말한다.

### 다. 삼재의 구성

삼재는 사주의 년지를 기준으로 하여 정하는데 년지가 삼합에 해당할 때에 이루어진다.

예로서 출생 년지가 寅午戌(三合)에 해당 한다면 매해 오는 지지 중 삼재와 겹칠 때 오는데, 寅午戌 삼재년(三災年)은 申年에 들어(入三災)와 酉年에 있다(中三災)가 戌年에 나가(出三災)는 해로 되어 있다.(아래 삼재 구성표 참조)

삼재 구성표를 보면 아래와 같다.

### 삼 재  구 성 표

| 出生年支(三合) | 寅 午 戌  生 | 巳 酉 丑  生 | 申 子 辰  生 | 亥 卯 未 生 |
|---|---|---|---|---|
| 三  災  年 | 申 酉 戌 年 | 亥 子 丑 年 | 寅 卯 辰 年 | 巳 午 未 年 |

## 라. 삼재의 유형(類型)과 작용력

삼재가 들어오는 해(入三災)는 이동이나 변동이 많은 해로 생지(生支)에 해당하는 寅申巳亥 년생은 화(禍)가 주로 많으며 또한 새로운 식구가 늘어나거나 객식구가 장기간 체류 할 경우 우환이 발생 할 가능성이 있고 이는 점포, 중소 기업체에도 해당이 되고, 큰 회사는 중요 임원 교체를 삼가는 것이 좋다.

삼재가 들어와 있는 해(中三災 또는 伏三災)는 대부분 사람들의 피해가 큰데 왕지인 子午卯酉 년생은 특히 조심해야 하며 여기서도 식구를 늘리는 것은 삼가하는 것이 좋겠다.

삼재가 나가는 해(出三災)는 여러 사람들이 모이는 곳이나 행사장 출입은 가능한 피하는 것이 좋으며, 회갑 잔치나 칠순 잔치, 결혼 등은 삼가 하는 것이 좋겠는데, 고지인 辰戌丑未 년생은 특히 변화가 많고 재해가 발생할 수 있으니 조심해야 한다.

한 가족 중에 3인 이상이나 과반수이상 삼재가 들어 와 있을 때는 피해가 더 클 가능성도 있으니 집안의 대소사(大小事)에 활용하기 바란다.

삼재를 볼 때 참고해야 할 것은 사주가 좋게 구성 되어 있는 경우 즉 사주의 오행이 다 있어 서로 극하지 않고 계속 밀어 주거나 천을(天乙)귀인(하늘이 주신 귀인), 학당(學堂)귀인(일류대학을 졸업한 귀인),등 길성(吉星)이 있고, 행운(行運) 년운 모두 좋으면 오히려 복삼재(福三災)라고하여 피해보다는 길경사(吉慶事)가 발생하는 경우가 있다.

**15장**

# 신살(神殺) 이란

# 15장. 신살(神殺) 이란

## 1. 신살의 의미

　　현대에 사는 사람들은 하루가 다르게 발전하는 각종 첨단기술의 개발로 기계를 사용하거나 활용하고 있으며, 의술의 비약적인 발달로 100세의 수명을 갖는 시대로 전환하고 있어 많은 건강정보 자료도 접하고 있고 이에 따른 각종 혜택을 받고 있다.

　　본인이 노력하면 훌륭한 사람이 될 수 있고 또 성공(그렇게 큰 성공은 아니나)도 할 수 있다. 흉한 일도 사전에 탐지 할 수 있는 정보화 시대이므로 예방도 할 수 있는 것이 현실이다.

　　사실상 신살의 의미는 그 영향력이 감퇴하고 있는 것이 사실임을 참고하기 바라며. 이 장에서는 길신은 어떤 종류가 있으며 흉살은 어떠한 것이 있는지를 소개하여 사주 해석과 통변 시 참고토록 하였다.

　　신은 좋은 역할을 하는 길신(吉神)을 의미하며, 살(殺)은 흉한 역할을 하는 살을 말한다.

## 2. 신살의 분류(分類)

### 가. 길신(吉神)의 종류

1) 천을귀인(天乙貴人)이란

● 천을귀인의 의미

천을귀인은 길신 중에도 가장 좋은 길신으로 지혜가 많고 총명하며 유순하고 고귀한 인품을 갖추어, 귀인의 도움을 많이 받는다. 또한 어려운 일(흉한 일로 인한)을 당해도 그 것이 계기가 되어 오히려 좋은 일로 전화위복이 된다.


● 천을귀인의 구성

| 日 干 | 甲 戊 庚 | 乙 己 | 丙 丁 | 辛 | 壬 癸 |
|---|---|---|---|---|---|
| 천을 귀인 | 丑 未 | 子 申 | 亥 酉 | 寅 午 | 巳 卯 |


예로서 일간 甲이 년, 월, 일, 시 지지에 丑 또는 未가 있으면 천을귀인이라 한다.


● 천을귀인의 특성

천을귀인은 일지, 시지에 있는 것이 좋고, 년월지는 그 다음이다. 이것도 양귀(陽貴 = 子부터 巳까지)와 음귀(陰貴 = 午부터

亥까지 )로 나누어 남자는 양귀생일에 있는 것이 좋으며, 여자는 음귀생일에 있는 것이 좋다.


● 천을귀인이 상생이나 합이 있으면 좋은 일이 발생하거나 출세도 용이하다.

건록(建祿=관록으로 관직을 갖는 것)이 있으면 문장력도 있어 관직(법조인, 공무원, 경찰, 군인 등)을 갖게 된다.

괴강( 魁罡 = 남자는 대귀하나 여자는 풍파가 심하다는 살 )이 있으면 쾌활하며 사물에 밝아서 사람들의 존경을 받는다.

역마살(驛馬殺 = 분주하게 돌아다니는 살 )이 있으면 역마가 천을귀인을 겸하고 있어 여기에 충을 만나면 외교술이 좋고 외국에 나가 활동하고 성공한다.

삼기성( 三奇星 = 인품이 좋고, 각종고시에 합격률이 좋다 )이 있으면 인품이 있어 관직이나 직장에서 크게 두각을 나타낸다.

문창성(文昌星=학문의 재주가 있다)이 있으면 학문에 뛰어나고 박사학위를 받고 학계에 이름을 떨친다.

화개살( 華盖殺 = 총명하고 이해심이 많으며 예능이나 학문이 뛰어나고 신앙심도 있다 )이 있으면 문장력과 예도(藝道)에 뛰어나고, 사주 구성이 좋다면 고위직이나 대권에도 인연이 있다.

공망이 되면 가무를 좋아하며 그 공망이 식신이라면 겉은 화려하나 실속이 없다.

공협( 拱挾 = 사이에 끼여 들어가는 것, 子가 있고 寅만 있을 때 丑이 공협에 해당 한다)이 있는가를 보고 행운에서 오면 귀인으로 본다.

천을귀인이 여러 개 있으면 남녀 모두가 좋지 않다. 남자는 일찍 상처하고, 여자는 재혼을 하거나 화류계에 종사할 수도 있다.

천을귀인이 육신에 따라 여러 유형으로 바뀌는데 비겁이 귀인이면 형제자매 또는 친구의 덕이 있으며, 형제자매 중 인물이 나올 수도 있다.

식신이 귀인이면 의식이 풍족하고 장수하며, 달변으로 변호사나 외교에 능할 수가 있다. 남자는 처가 덕이 있고, 여자는 자식이 크게 성공할 수 있다.

상관이 귀인이면 기예 등에 재능이 있으며, 여자는 자식이 수재(秀才)이다. 재성이 귀인이면 처가 현명하고 내조의 공이 크며, 여자는 시가 덕을 보고, 사업이나 재테크에 능숙하여 자연 부자가 된다. 관성이 귀인이면 관직이나 직장에서 오래도록 좋은 위치에 있고 남자는 훌륭한 자식을 두고, 여자는 능력이 있는 남편을 만날 수 있다.

인성이 귀인이면 학문에 깊이가 있고 부모가 후덕하고 외가 덕을 볼 수 있다. 지지 辰과 戌은 하늘의 문(天門)을 깨트린 글자라고 하여 귀인으로 보지 않는다.

행운에서 귀인이 들어오면 훌륭한 사람을 만나거나 좋은 일이 생겨 개운(開運)이 된다.

공망이거나 형, 충, 파, 해가 되면 작용력이 상실한다.

## 2) 건록(建祿)이란

● 건록의 의미

건록을 천록(天祿)이라고 하는데, 관직에 들어가 나라에서 봉급 받는 것을 말한다. 즉 법조인, 각 부처에서 근무하는 행정직, 경찰직, 군인, 국가가 운영하는 연구소에 연구직, 국가가 운영하는 정보직 등을 말하며 녹봉(綠峰)이란 말도 사용한다.

일간이 건록을 만나면 땅속에 뿌리를 내리고 생활 기반은 물론 신체적 정신적으로 건강하다.

건록은 월, 일지에 있는 것이 가장 좋으며, 시지와 연지는 그 다음이다. 연지와 월지에 건록이 있으면 부모나 조상의 기반을 받거나 윗사람이 이끌어 주어 발전이 수월하다. 일지가 건록이면 (甲寅, 乙卯, 庚申, 辛酉) 심지가 튼튼하고 건강하다.

시지가 건록이면 말년에 발달하고, 처와 자식의 덕이 있다. 건록도 공망이 되거나 충극을 받으면 그 효력이 반감(半減)한다.


● 건록의 구성

| 日 干 | 甲 | 乙 | 丙 戊 | 丁 己 | 庚 | 辛 | 壬 | 癸 |
|---|---|---|---|---|---|---|---|---|
| 건 록 | 寅 | 卯 | 巳 | 午 | 申 | 酉 | 亥 | 子 |

예로 일간 甲목의 건록은 寅목인데, 甲木이 지지 寅木에 뿌리를 내리고 있어 수분과 영양 공급을 받을 뿐만 아니라 든든하게 지탱을 하고 있다.

3) 암록(暗祿)이란

● 암록의 의미

보이지 않는 손이(인덕을 갖춘 분) 나를 밀어주고 이끌어주고 멘토(Mentor)역할을 해주어 신의 가호가 있는 것으로 본다.

암록이 사주에 있으면 건록에 비해 미약하나, 암록은 육신으로 보면 재, 관성, 인성으로 연결되고. 재관인(財官印)으로 상생되어 록(祿)의 육합이라 본다.

● 암록의 구성

암록의 지지는 건록의 지지와 육합이 되므로 건록만 알면 암록을 쉽게 찾을 수가 있다.

| 日干 | 甲 | 乙 | 丙戊 | 丁己 | 庚 | 辛 | 壬 | 癸 |
|------|-----|-----|------|------|-----|-----|-----|-----|
| 암록 | 亥 | 戌 | 申 | 未 | 巳 | 辰 | 寅 | 丑 |

4) 삼기성(三奇星)이란

● 삼기성의 의미

삼기가 있는 사람은 인품이 준수하고 보통 사람과 다르게 총명하며 국가고시에 합격률도 좋다. 이중 큰 인물은 영웅적 포부가 있어 출세로 이어진다.

● 삼기성의 유형(類型)과 구성

(1)천상삼기(天上三奇) : 천간에 乙丙丁 순으로 연결되어 있는 것을 말하며 총명하고 학문에 조예가 깊다.

(2)지상삼기(地上三奇) : 천간에 甲戊庚 순으로 연결되어 있는 것을 말하며 부귀와 장수를 누린다는 뜻이 있다.

(3)인중삼기(人中三奇) : 천간에 辛壬癸 순으로 연결되어 있는 것을 말하며 신동이나 수재 소리를 듣는데 너무 지나치면 음란에 빠질 수도 있다. 삼기성은 일간부터 시작하여 년간까지 순으로 연결되면 가장 귀격으로 본다. 예로 乙日, 丙月, 丁年 순이다. 그런데 이중 3개의 천간 중 일간에 1개의 글자가 꼭 있어야 성립이 될 수 있다.

삼기성이 (1)천을귀인을 만나면 두각을 나타내어 더욱 귀하여진다. 그러나 형충 등이 있거나, 만나면 반감(半減)하거나 무력해진다. (2)삼합을 만나면 국가의 기둥감이 되며, 공망이 함께 있으면 생왕하면 출세에 연연하지 않고 도(道)에 매진 한다. (3)대운에서 만나도 삼기성이 된다. 예로서 乙丙만 있는데 丁火가 대운에서 들어오면 여기에 해당된다.

5) 문창성(文昌星)이란

● 의미

학문과 예술분야에 재능이 있고, 연구 능력과 창의력의 자질이 있으며 총명하고 지혜가 특출하여 교수 등 학계에서 크게 성공할 귀성(貴星)이다.

문창은 모든 흉살의 흉폭성을 달래어 포악한 짓을 못하도록 하고 재앙이 스스로 물러가도록 하는 길성(吉星)이다.

문창성도 공망이나 형충파해를 만나면 그 효력을 상실한다.


● 문창성의 구성

| 日干 | 甲 | 乙 | 丙戊 | 丁己 | 庚 | 辛 | 壬 | 癸 |
|------|----|----|------|------|----|----|----|----|
| 문창 | 巳 | 午 | 申 | 酉 | 亥 | 子 | 寅 | 卯 |


문창성은 일지에 있는 것을 우선으로 하고 시와 월은 그 다음이다.

문창성은 사주에 관성과 인성이 있어야 관에서 인정하는 교수자격을 얻고 국공립학교와 일류(一流)대학에서 일 할 수 있으며 관인(官印)이 없으면 사립학교나 사설기관에서 종사하며 또는 실력은 있으나 무자격자가 될 수도 있다.

6) 학당귀인(學堂貴人)이란

● 의미

학당귀인도 문창과 같이 학문을 주관하는 길신(吉神)이다. 사주에 학당이 있으면 학문에 뛰어나고 학업을 닦을 복을 타고 났으며, 일류대학에 들어갈 시험운도 가지고 있다.

학당도 공망이나 형 충 등에 극을 받으면 길신의 효력이 상실된다.

● 학당귀인의 구성

| 日 干 | 甲 | 乙 | 丙 戊 | 丁 己 | 庚 | 辛 | 壬 | 癸 |
|---|---|---|---|---|---|---|---|---|
| 학 당 | 亥 | 午 | 寅 | 酉 | 巳 | 子 | 申 | 卯 |

예로 일간 甲일생이 연월일시 지지에 亥가 있거나, 乙일생이 지지에 午가 있으면 학당귀인이 된다.

7) 천의성(天醫星)이란

● 의미

천의성이란 하늘에서 내려준 의사, 한의사, 간호사 등 병자를 살려낼 수 있는 사람을 말한다.

사주가 잘 구성되어 있고 천의성이 있으면 의사, 한의사, 약사, 간호사 등의 순이며 기타 조산원, 침술사도 될 수 있다. 그러나 여기서 교육자나 변호사 종교지도자의 직업도 인연이 있다.


● 구성

천의성의 구성은 월지를 기준으로 앞 자가 해당 되는데 예로서 未월에 午, 丑월이면 子가 천의성이다.

또한 월지 앞에 지지가 아니고 천간에도 표출 할 수 있는데 未월에 丁화가 있으면 천의성으로 보는데 戌월의 辛금, 辰월의 乙목 등이 여기에 해당한다.


● 천의성의 특성

사주( = 命造란 용어도 쓴다 )에 천의성과 관성과 인성이 있고 문창성이 있으면 의사와 교수를 겸할 수가 있으며, 형충, 공망 사절(死絕)등이 있으면 외부로 들어나지 못하거나 전공을 살리지 못하고 무면허로 일하는 경우가 많다.

양일간의 천의성은 의사나 한의사가 많고, 음일간은 약사나 간호사 침술사 등이 있다.

천의성이 양인살(陽刃殺)과 함께 있으면 외과 의사가 많고 괴강살(魁罡殺)과 함께 있으면 약사나 종교지도자와 인연이 있다.

생지인 寅申巳亥가 천의성이 되면 대체적으로 외과의사가 많고, 왕지인 子午卯酉는 이빈후과 안과 성형외과 정형외과 등 의사가 많고, 고지인 辰戌丑未는 내과 또는 기타 의학과 전문의가 많다.

천의성이 욕지(浴支)나 태지(胎支) 또는 생지(生支)나 사지(死支)인 경우는 산부인과와 비뇨기과가 전문의로 있는 경우가 많다.

* 욕지, 태지, 생지, 사지 등의 용어는 십이운성(十二運星)에서 설명.

8) 금여(金輿)란

● 의미

사람이 일생을 사는 동안 많은 공덕을 쌓으면 세상을 떠날 때 금상여를 타고 간다는 뜻이다.

● 금여의 구성

| 日干 | 甲 | 乙 | 丙戊 | 丁己 | 庚 | 辛 | 壬 | 癸 |
|------|-----|-----|-----|------|-----|-----|-----|-----|
| 금여 | 辰 | 巳 | 未 | 申 | 戌 | 亥 | 丑 | 寅 |

● 금여의 특성

사주에 금여가 있으면 성격이 온화하고 총명하며 재치가 있다. 용모가 단정하고 예의가 바르기 때문에 사람들의 존경을 받고 호감을 산다.

남녀를 막론하고 대체적으로 좋은 배우자를 만난다.

사주에 금여가 시지(時支)에 있으면 일가친척의 덕이 있고 자손이 창성하며 자손 가운데 귀히 되는 인물이 생긴다.

9) 홍염살(紅艶殺)이란

● 의미

그 옛날에는 음욕 때문에 부정한 짓을 많이 저지른다 하여
흉살로 분류되었다. 그러나 시대가 변하여 현대에 와서는 매력이
자산(資産)이 되고 특히 젊은 청년은 직장을 얻는데도 큰 도움이
되고 있다. 여성은 이성을 유혹시키는 매력이 있는데 이를 홍염살
이라고 한다.


● 홍염살의 구성

| 日 干 | 甲 乙 | 丙 | 丁 | 戊 己 | 庚 | 辛 | 壬 | 癸 |
|---|---|---|---|---|---|---|---|---|
| 홍염살 | 午.申 | 寅 | 未 | 辰 | 戌.申 | 酉 | 子 | 申 |


예로서 일간 甲이 지지에서 午나 申이 있으면 홍염살이라 한다.


● 홍염살의 특성

사주에 홍염살이 있으면 바람기가 심하여 사치와 돈 쓰기를
좋아한다. 낭만적이고 색(色)을 좋아하는 만큼 질투심이 강하다.
여성이라면 요염하고 애교가 있어 남성들을 반하게 하는 매력을
가지고 있다. 미모가 없더라도 남성을 끄는 어떠한 힘을 가지고
있다.

홍염살이 중년에 들어 있다면 체력과 인품으로 이끄는 매력

을 가지고 있어 큰 자산적 가치가 있다.


## 나. 흉살의 종류

흉살의 종류는 너무 많아 사주를 해석할 때 오히려 혼란을 야기 시킬 뿐만 아니라 현대 사회에 들어와 적용이 되지 않는 경우가 있어 여기에 몇 개의 중요 흉살을 소개하니 사주 해석과 통변에 활용하기 바란다.


### 1) 괴강(魁罡)

● 괴강의 의미

"괴"는 우두머리 수령의 뜻이 있고, "강"이란 별의 이름으로 별의 우두머리라는 뜻인데, 여기서 "괴"는 하괴성(河魁星)인 북두칠성의 둘째별에서 따온 것이고, "강"은 천강(天罡) 즉 하늘의 별이란 뜻에서 온 단어 이다. 그리고 지지에 戌을 하괴 라하고, 辰을 천강이라고 한다.

별의 명칭과는 달리 좋지 않은 흉살로 소개되고 있다.

괴강살이 있는 사람은 자기중심적이고 자존심이 강하여 남에게 굽힐 줄 모르는 사람이 대부분으로 갑자기 확 돌변하여 예측을 불허하며 너죽고 나죽자는 식의 강한 성격의 소유자이기도 하다.

그러나 매사에 추진력이 강하고 의협심과 봉사 희생정신이 있으며 단순하고 순수한 면을 가지고 있다.

또한 괴강의 성격은 극단적이어서 부자나 크게 성공한 인물도 배출하나, 반대로 극빈(極貧), 횡액, 재앙 등 불행에 빠지는 예도 있다.

● 괴강의 구성

괴강의 구성은 천간의 양간과 지지에 辰과 戌이 있으면(예로 甲辰, 甲戌) 전부 괴강으로 보나 작용력이 강한 네 개의 干支만 취급하고 있다.

庚辰,　庚戌,　壬辰,　壬戌,

● 괴강의 특성

남자인 경우는 보수적이며 특히 사주구성이 좋으면 대체적으로 괜찮으나 여자인 경우는 대체적으로 활동성 있어 가장 역할을 하고 있고 남편이 무능력 하거나 백수로 지낼 확률이 크다.

반대로 남편이 직장이 있고 잘 나간다면 독수공방 하거나 첩을 볼 수 있다.

사주가 식상이 편중되어 있으면 영향력이 크다.

몰락한 집에 시집을 가서 고생하고 살면 복을 받을 수 있으나, 잘 사는 집에 가면 시집이 망해서 고생할 확률이 크다.

여자는 군인 경찰 소방경찰 간호사 트럭 운전기사 등 여자로서 험한 일을 하는 직업은 좋고 대체적으로 청렴결백하다.

가능한 독신으로 사는 것이 좋다.

그러나 여자의 경우 사주구성이 좋으면 괴강이 있어도 평생 어려움이 없이 잘 사는 예도 많다.


### 2) 백호대살(白虎大殺)

#### ● 의미

백호는 호랑이를 의미하며 흰 백자(白)를 넣은 것은 백색은 금(金)을 의미하는 것으로 쇠 또는 칼을 의미한다. 사람을 상(傷)하게 하는 성질이 크게(大殺) 있다고 하여 살상(殺傷)을 주관하는 흉살로 보고 있고 호랑이에게 물려 가는 것과 비유한다.

이 흉살은 뜻밖의 사고인 교통사고(차, 기차, 배, 비행기 등), 산재(産災)사고, 총상, 흉사, 자살, 동물에 의한 살상 등 현대 사회에 와서는 과학의 발달로 인한 예상치 않은 사고가 발생하는데 이를 총 망라할 수 있겠다.


#### ● 백호대살의 구성

천간과 지지가 한 조로 구성 되어 있는데 일주, 시주, 월주, 년주 순으로 작용력이 미치고 있다.


甲辰　乙未　丙戌　丁丑　戊辰　壬戌　癸丑.

● 백호대살의 특성

살이 년주에 있으면 조부모요, 월주는 부모나 형제에게, 일주는 처 또는 첩이요, 시주는 자식에게 영향이 미친다.

육친으로 인수(印綬)에 해당 되면 모친이요, 비겁이면 형제자매요, 관살에 있으면 남자는 자녀, 여자는 남편이고, 재성에 있으면 남녀의 부친이고, 식상에 있으면 남자는 손자에, 여자는 자녀에 그 작용력이 있다. 백호대살은 두개이면 더 심하고 공망, 형, 충, 파, 해가 있어도 더욱 심하다. 신약한 사주에 이 살이 있으면 작용력이 강하게 일어난다.

여자의 壬戌, 癸丑 일주가 관성이 약하거나 형, 충이 있으면 이혼하거나 남편이 질병으로 고생을 하고, 남자도 같은 일주는 자식에게 문제가 발생할 소지가 있다.

이 살이 사주 내에 3개 이상이 들어있다면 아예 좋은 신으로 바뀌어 귀한 작용을 하는 것으로 보아 자연의 이치가 다 그러하듯이 좋은 것과 나쁜 것이 잘 조화가 될 때 좋은 사주라고 보는 학설도 있다.

* 이 살도 너무 겁을 많이 주고 있으나 현대 사회가 빠른 속도로 발전 되고 있어 작용력이 미비하나 문제가 발생 시에는 참고 한다.


3) 양인살(羊刃殺, 陽刃殺)

● 의미

양인 염소는 고집스럽고 머리에 2개의 뿔이 있는 동물이라는 것이 일반적인 상식이다. 명리학에서는 그 뿔은 살상무기로서 잔인하고 혹독하며 참을성이 부족한 것으로 표현되고 있다. 양인의 성격은 빛을 내는 운기가 왕(旺)한 것이나, 왕 한 것이 지나쳐서 살기로 변한 것을 의미한다.

甲丙戊庚壬 양간(陽干)에만 양인을 적용하여 볕 양(陽)자와 칼날 인(刃)자를 써서 양인(陽刃)이라고도 한다. 그래서 음간(陰干)은 천성이 대체적으로 유하므로 작용력이 약하다. 양(陽)인은 지지에 子午卯酉 왕지로 구성되어 있다.


● 양인살의 구성

양인살은 지지가 건록 다음으로 구성되어 있는 것이 특징이다.


| 日 干 | 甲 | 乙 | 丙 戊 | 丁 己 | 庚 | 辛 | 壬 | 癸 |
|---|---|---|---|---|---|---|---|---|
| 양 인 | 卯 | 辰 | 午 | 未 | 酉 | 戌 | 子 | 丑 |


● 양인살의 특성

양인살이 년지에 있으면 조상의 유산이 없거나 있으면 전부 없애게 된다. 월지에 있으면 형제끼리 재산 싸움을 하기 쉽다.

일지에 있으면 (丙午, 丁未, 壬子, 癸丑) 작용력이 미약하다.

단 부부궁이 좋지 못한 것으로 본다. 시지에 있으면 처자식 운이 나쁘거나 말년에 재산을 없앨 수 있다.

사주에 양인이 많으면 재운이 없고 자연 부부간 금슬(琴瑟)이 좋지 않으며 투쟁적으로 살아가는 예가 많다. 여자는 지나치게 음욕을 탐한다. 양인에 상관이 있거나 특히 천간에 상관이 있으면(상관이 극을 받으면 해석은 달라짐) 말년에 재난을 당할 수도 있다.

양인살은 겁재의 성격보다는 탈재(奪財)하는 일이 더 강하게 일어나기 때문에 양인살로 구분한다. 천간의 양인살도 지지보다는 미약하나 양인의 특성을 내포하고 있다고 본다.

양인살이 살상무기이므로 이를 다루는 사람의 인격에 따라 달라지는데 대체적으로 법조인(法曹人), 의사(醫師), 군과 경찰, 언론인 등을 들 수 있겠다. 이들은 우선 사주 구성이 좋으며 능력과 실력을 갖추었고 인품과 인격자로서 사회의 정의를 지키기 위해 국가의 기둥 역할을 하는 사람으로서 필요시 각자 주어진 무기를 사용하여 일을 처리한다.

그러나 인격과 인품이 없고 수양이 되어있지 않은 사람은 자기를 드러내놓지 않는데 사안에 따라 냉혹하면서 타인에게 굴복하지 않으려는 예리함을 보여주면서 자주 충돌이 일어나는 경우가 많다. 더욱이 매사에 신중하지 않고 저돌적이고 감정에 좌우되어 일을 처리하므로 성패의 기복이 크다.

가정에서도 잔소리가 많고 폭력적이어서 원만한 가정을 유지하기가 어렵다.

## 4) 귀문관살(鬼門關殺)

### ● 의미

사주에 이 살이 있으면 대체적으로 이중적(二重的)인 성격을 가지고 있다.

편집증 증세로 매사 한 가지 일에 집착하고, 변덕스러운 성격으로 나타난다.

불평과 불만이 많아 상대자가 조금만 소홀히 하여도 원망하고 배타심과 증오심을 갖고 저주도 하여 대화는 물론 소통하기가 어렵다.

자연 대수롭지 않은 일을 가지고 상대를 피곤하게 하는 등 이런 일을 반복하여 들볶는다.


### ● 귀문관살이 일어나는 구조

(1)사주에서 오행이 편중되거나 혼잡할 때이며

(2)水火 또는 金木이 서로 싸우고 있을 때,

(3)조후(調候)가 안 되어 있을 때

(4)인성이나 관성이 약하거나 깨져있을 때 일어난다.


### ● 귀문관살의 구성

子未, 丑午, 寅酉, 卯申, 辰亥, 巳戌, 여기까지는 원진살과 같고 子酉, 寅未가 추가된다.

● 귀문관살의 특성

관살의 각 성격은 아래와 같다.

子未, 子酉 : 변덕이 심하고 주기적으로 떼를 쓰기도 한다.

丑午 : 폭력적이고 과격한 것이 특징이다. 자살 확률도 높다.

寅酉, 寅未 : 평소에 얌전히 있다가 갑자기 사고를 내며 일을 저지른다.

卯申 : 허풍이 세며 주변 사람들 이야기를 많이 하고 자기가 항상 옳고 남들은 무시한다.

辰亥 : 앙칼지고 사나운 성격이며 대인 기피증과 결벽증도 있다. 자기하고만 친해야 한다는 욕구가 강하다.

巳戌 : 애를 못 낳고 능구렁이 같고 음흉하다 고집이 세고 자기주장만 내세우고 갑자기 돌변하기도 한다.

관살을 좀 더 설명하면, 귀문관살은 미인에게 대체적으로 많은데 자기를 이해하고 받아주지 않으면 우울증 등 속 병이 생길 수도 있다.

귀문관살은 년 운에서도 오는데 이때는 매사가 늦어져 불안감이 생기고 판단력이 상실한다.

대인관계에서는 항상 관계를 갖는 사람 외에는 대체적으로 폐쇄적이고 기피증이 있다.


● 대책

귀문관살은 자연 스트레스를 받기 때문에 화병이나 우울증이

쌓이므로 건전한 취미 생활을 갖도록 유도하는 게 좋다.

귀문관살이 있는 사람은 가까운 친척이나 동료만이 문제점을 인식하므로 그 문제점을 표현할 수 있도록 해주고 달래주어야 한다.

종교생활을 통해 마음의 안정을 갖도록 신앙을 갖게 하는 것이 좋다.


### 5) 십이운성(十二運星)이란

● 의의

하늘(천간)의 기운(氣運)이 땅(地支)에 미치는 순환과정 즉 지구가 태양을 돌면서 발생하는 봄(溫) 여름(署) 가을(冷) 겨울(寒)의 변화과정에 생왕묘절(生旺墓絶)을 대입한 것으로 이 십이운성을 포태법(胞胎法) 또는 장생법(長生法)이라고도 한다.

인간의 일생은 생노병사(生老病死)를 거치고, 또 영광과 고통의(榮枯盛衰) 인생행로를 밟게 되어 있는데 이 과정을 표현 한 것이다.

이 십이운성을 통해  태어날 때부터 몸에 지니고 있는 선천적(先天的)인 환경이 지지에 미치는 동향을 포괄적으로 추명한다. 그러나 이 살은 자주 이용하기 보다는 사주를 분석하다가 문제점이 뚜렷이 나타나지 않을 때 활용한다.


● 십이운성의 구성

순서는 포(胞)절(絶) - 태(胎) - 양(養) - 생(生)(장생長生) - 욕(浴)(沐浴) - 대(帶)(관대冠帶) - 록(祿)(건록建祿) - 왕(旺)(제왕帝旺) - 쇠(衰) - 병(病) - 사(死) - 묘(墓)(장藏,고庫)의 순으로 이루어진다.(십이운성의 구성과 조견표는 별장 참조)

● 십이운성의 활용법과 종류

　● 봉(逢)하는 십이운

일간(日干)을 지지 연월일시 대입하여 십이운성을 정하는 법.

　● 거(居)하는 십이운

생년(生年)月日時주(柱) 별로 지지와 대입하여 십이운성을 정하는 법이다. 대운과 세운에도 응용을 한다.

　● 인종(引從)하는 십이운

일간을 육친(六親)에 대입하여 보거나, 들어오는 대운 세운의 천간을 생년월일 지지에 대입하거나, 또는 일간을 대운 세운 지지에 대입하여 십이운을 파악하는 방법을 말한다.

예로서 여자 사주가 관성인 남편 자리에 묘(墓)가 있다고 한다면 남편과의 인연이 박하거나 또는 무능할 수가 있다. 대운 세운에서도 관성 자리에 묘의 운(運)이 들어와도 해석은 같다.

● 십이운성 각각 의미

(1)포(胞또는 절絶)

모든 만물의 기(氣)가 땅속에서 형체가 형성되지 않고 가만히 잠겨있는 상태로 끝과 시작이 함께 있고, 무(無)에서 유(有)가 조성되는 시기(時期) 또는 세대교체시기로 본다.

어머니 뱃속에 아버지의 씨가 떨어지지 않아 아기가 아직 잉태(孕胎) 되지 않은 상태로 정(靜)적이고 무념무상(無念無想)과 같다는 상황으로 본다.

이때는 외부 환경에 동요되거나 흔들리는 경향이 있고 실리적인 면에서 항상 손해를 보는 경우가 있다.

모든 일이 끊어지는 자리에서 새로운 인연이 다시 생겨난다는 뜻이고 하나가 끝나면 또 하나가 그 자리에서 생겨난다는 의미이다.

다른 의미로서는 잠재의식(潛在意識), 연구와 사색(思索), 단절(斷折)과 이별, 시작과 끝, 그리고 신앙과 기도 등의 의미도 함께 사용하고 있다.

(2)태(胎)

만물이 음양의 교접(交接)으로 새 생명이 움트고 미래로 가기 위해 희망을 갖고 있는 상태이나 아직은 보호를 받아야 하는 상황이다.

어머니 뱃속에 아버지의 씨가 떨어져 기(氣)가 잉태되어 있는 상황으로서 의타심이 강하고 활동력이 약할 때이다.

겉으로 드러나는 경쟁이나 정면 대립은 피하고 외교와 처세도 부족하여 독자적인 노력으로 분수에 맞는 생활 하기를 원하고 동물이나 화초 등에 호기심을 가지고 귀여워한다.

다른 의미로서는 태교(胎敎), 애착(愛着)과 소중함, 보호와 의타심(依他心), 구상(構想)과 어떤 일을 하겠다는 마음가짐 등도 사용하고 있다.

(3)양(養)

자신을 키워 나가는 기간이므로 신중하고 착실하다 그러므로 어려움이 있으면 뒤로 물러서는 때이므로 과단성과 리더십은 부족하다. 어머니 뱃속에서 태어나기 전까지 성장하고 보호받는 시기이다.

(4)생(生) (장생長生)

한 인간이 어머니 뱃속에서 태어나면 만물과 함께하는 세상의 일원이 된다.

그의 앞에는 무엇인가 개척해야하고 전진해야하며 창조와 발전하고 싶은 강한 의욕이 있다.

그러나 온건하고 순수하며 남과 다투는 것을 원치 않는다.

(5)욕(浴) (목욕沐浴, 욕지浴地)

세상에 태어나면 더러운 것을 씻어 내야하는 것처럼 씨앗이 싹튼 후, 필요가 없는 껍질은 없애버리는 시기이다.

아기를 씻기고자 할 때는 발가벗겨야 하므로 이 상태는 주색이나 낭비, 음란(淫亂), 방탕 등 수치를 모르고 행동하는 것으로 이 시기는 매사에 실패함을 의미하기도 한다.

### (6)대(帶) (관대冠帶)

대는 의복을 갖추어 입었다는 의미로서 학창 시절을 의미하며 각종 공부와 규범을 배우며 부정과 불의와 싸우고 정의감(正義感)이나 독립심이 있다. 개성이 강한 시기이다.

### (7)록(祿) (건록建祿)

록은 공부를 마치고 사회 한 일원으로서 직장이나 사업체에서 일을 하고 보수(報酬)를 받고, 명예와 체면을 중시하여 공사(公私)가 분명할 뿐만이 아니라 책임을 중히 여기는 특성과 자기 발전을 위하여 매사에 노력하고 열심히 활동 하는 시기이다.

### (8) 왕(旺) (제왕帝旺)

왕이란 직장에서 순조롭게 진급하여 출세가도에서 최고에 달하며 가장 성장한 시기이다. 건록이 오전이라면 왕은 오후로서 양(陽)이 극에 달하여 다시 음(陰)으로 가고 있음을 표현한다.

왕은 불굴(不屈)의 정신과 솔선수범으로 몸과 마음을 바치는 희생정신도 가지고 있다.

그러나 이러한 강인(强靭)한 정신이 타인의 조언을 무시하여 불화와 독선을 초래하기도 한다.

### (9)쇠(衰)

모든 동 식물은 성장 후에는 쇠퇴해 진다. 사람을 포함한 동식물도 그 기능이 쇠약해지고 갱년기(更年期)를 맞이하며 또 정년

퇴직을 하는 등 전환기를 갖는 기간이다.

이때는 안정을 추구하고 모험을 피하며 내실(內實)을 기하는 것이 보통이나 편협(偏狹)해지기 쉬우며 자신감이 떨어지기 쉽다.

(10)병(病)

사람이 노쇠(老衰)해져 병에 걸려 있는 상태이다. 외적(外的)인 활동은 없고 사색(思索)이나 공상적(空想的)인 일에 치우쳐 매사가 뜻대로 되지 않아 좌절감을 갖는다.

그러나 결실을 맺으려는 투혼의 정신을 가지고 있음을 참고하기 바란다.

(11)사(死)

사는 죽음을 의미하는데 사람을 포함한 모든 동물은 수명을 다하면 죽는다. 식물도 과일이 다 익으면 낙엽과 함께 땅에 떨어진다. 이는 땅으로 돌아가듯 본체에서 분리 되는 시기를 의미한다.

이별의 고통은 있으나 매사가 순리(順理)대로 움직이고 이러한 자연의 섭리를 순종하며 사고가 깊어지는 시기이다.

(12)묘(墓) 고(庫)

묘는 말 그대로 사람이 죽으면 묘 속에 들어가 있는 상태인데, 창고에 저장(貯藏)하거나 예치(預置)한 상태를 말한다.

하루 일을 마치고 귀가(歸家)하여 가정에서 쉬고 포근한 잠을 자는 것과 같이 정적(靜寂)인 상태로 침착하고 조용한 것이 특징이

다. 고정(固定), 보관(保管), 정지(靜止) 또는 묶여 있는 것을 의미
한다.

\* 십이운성 조견표

## ※ 십이운성

| 天干 十二運 | 甲 | 乙 | 丙 | 丁 | 戊 | 己 | 庚 | 辛 | 壬 | 癸 |
|---|---|---|---|---|---|---|---|---|---|---|
| 長生 | 亥 | 午 | 寅 | 酉 | 寅 | 酉 | 巳 | 子 | 申 | 卯 |
| 沐浴 | 子 | 巳 | 卯 | 申 | 卯 | 申 | 午 | 亥 | 酉 | 寅 |
| 冠帶 | 丑 | 辰 | 辰 | 未 | 辰 | 未 | 未 | 戌 | 戌 | 丑 |
| 祿 | 寅 | 卯 | 巳 | 午 | 巳 | 午 | 申 | 酉 | 亥 | 子 |
| 旺 | 卯 | 寅 | 午 | 巳 | 午 | 巳 | 酉 | 申 | 子 | 亥 |
| 衰 | 辰 | 丑 | 未 | 辰 | 未 | 辰 | 戌 | 未 | 丑 | 戌 |
| 病 | 巳 | 子 | 申 | 卯 | 申 | 卯 | 亥 | 午 | 寅 | 酉 |
| 死 | 午 | 亥 | 酉 | 寅 | 酉 | 寅 | 子 | 巳 | 卯 | 申 |
| 墓 | 未 | 戌 | 戌 | 丑 | 戌 | 丑 | 丑 | 辰 | 辰 | 未 |
| 絶 | 申 | 酉 | 亥 | 子 | 亥 | 子 | 寅 | 卯 | 巳 | 午 |
| 胎 | 酉 | 申 | 子 | 亥 | 子 | 亥 | 卯 | 寅 | 午 | 巳 |
| 養 | 戌 | 未 | 丑 | 戌 | 丑 | 戌 | 辰 | 丑 | 未 | 辰 |

사주용어(四柱用語)해설

참고서적

1. 개고(開庫) : 창고가 열린다. 충이되어 안에서 튀어 나와 자기의 역할을 하는 것.

2. 귀문관살(鬼門關殺) : 잡귀에 씌어 질병을 앓기 쉬운 살. 꺾긴다의 뜻도 있다.

3. 명조(命造) : 사주의 구조. 사주를 감정하기 위해 간지(干支)와 대운(大運)을 표시한 것.

4. 목화통명(木火通明) : 목이 화를 만나면 목의 기운이 밝게 피어난다.

5. 사령(司令＝當令) : 자기 출생일자가 월지 자장간(地藏干)에 해당되는 천간을 말함. 또는 자기 낳은 날자가 월지 지장간에 해당되는 천간을 말한다.

6. 생극제화(生剋制化) : 음양오행의 처리법을 묶어서 이르는 말로 생은 생조(生助)를 받는 것이고, 극은 관살이나 식상으로 다스리는 것이고, 제는 극과 비슷하지만 적절한 극이 되어 통제 하는 것이고, 화는 합충으로 변화 되는 것을 합쳐서 쓰는 말이다.

7. 생화극제(生化剋制) : 생한 것을 변화 시켜서 조절(통제하거나, 교육시켜)하여 쓸모 있게 만드는 것.

8. 설기(泄氣＝洩氣) : 넘치는 기운을 다음 오행으로 보내는 것.

9. 용신(用神) : 사주 전체구조를 살펴서 중화점(中和點)을 이르도록 작용하는 글자.

10. 원진(怨嗔＝元辰) : 서로 미워하고 증오한다.

11. 육해(六害) : 신살의 하나로 서로 해코지를 하는 것.

12. 자형(自刑) : 스스로 형 하는 것으로 辰辰, 午午, 酉酉, 亥亥 등이다.

13. 조후(調候) : 기후가 춥거나 덥지 않고 고른 것. 물(水)과 火가 고르게 분포되어 몸에 균형을 유지 하는 것.

14. 지지합(地支合)은 5가지가 있다.
　　가. 육합(六合은 음양합) : 육합으로 애정 합으로 子丑, 寅亥, 卯戌, 辰酉, 巳申, 午未合을 말한다.
　　나. 오행합(五行合) : 삼합으로 같은 목적 합, 정신 합, 사회활동이 같은 합.
　　다. 방위합(方位合) : 또는 방국(方局)으로 같은 방향, 같은 세력형성, 같은 지역결합을 의미.
　　라. 지장간합(地藏干合) : 몰래하는 합, 암합(暗合), 비밀 합.
　　마. 간지합(干支合) : 또는 간합, 속으로 이루어지는 합.

15. 탐생망극(貪生忘剋) : 생과 극이 함께 있을 때는 생을 먼저 탐하고 극을 잊는다.

16. 통변(通變) : 음양오행과 생극제화의 변화를 올바르게 해석 하는 것.

17. 화개살(華盖殺) : 살(殺)의 하나로 辰 戌 丑 未 년에 태어나면 화개라고 하는데 총명하고 이해심이 크고 예능에 뛰어나, 예능으로 인기를 얻으려면 화개가 있어야 한다. 월 일 시 가운데 화개가 있으면 신앙심이 크다.

18. 희신(喜神) : 용신을 밀어주는 용어.

## 참 고 서 적

1. 한중수. 사주학 대강의. 서울 : 도서출반 동반인, 2004.

2. 양원석. 명리학개론. 서울 : 대유학당, 2002.

3. 박주현. 음양오행. 서울 : 동학사, 2010.

4. 박청하. 신사주학(春). 부산 : 청화학술원, 2006.

5. 노영준. 사주비결록(초급). 서울 : 경덕출판사, 2004.

6. 이정재. 올바른 명리학 강의. 서울 : 도서출판 한솜, 2011.

7. 마경록. 엄마가 풀어보는 내아이사주. 서울 : 책이있는마을, 2012.

8. 박주현. 子平命理學. 서울 : 삼명, 2011.

9. 박주현. 왕초보사주학. 서울 : 동학사, 2007.

10. 전 광. 우리사주학. 서울 : 동학사, 2010.

11. 박주현. 합충변화. 서울 : 동학사, 2007.